Réussir au COLLÈGE

Spécial entraînement

6e

Français

Isabelle de LISLE
Agrégée de Lettres
Professeur en collège

hachette
ÉDUCATION

Sommaire

Conception graphique
Couverture : Stéphanie Benoit
Intérieur : Mélissa Chalot
Mise en pages : Mediamax
Illustrations : Dominique Fages

I.S.B.N. 978-2-01-708118-0

Conjugaison

Lecture et écriture

Mode d'emploi

Cet ouvrage a été conçu pour t'accompagner tout au long de l'année et t'aider à maîtriser tous les points du programme.

Les tests de connaissances

Au début de chaque partie, des tests préliminaires te permettent de savoir où tu en es de tes connaissances.

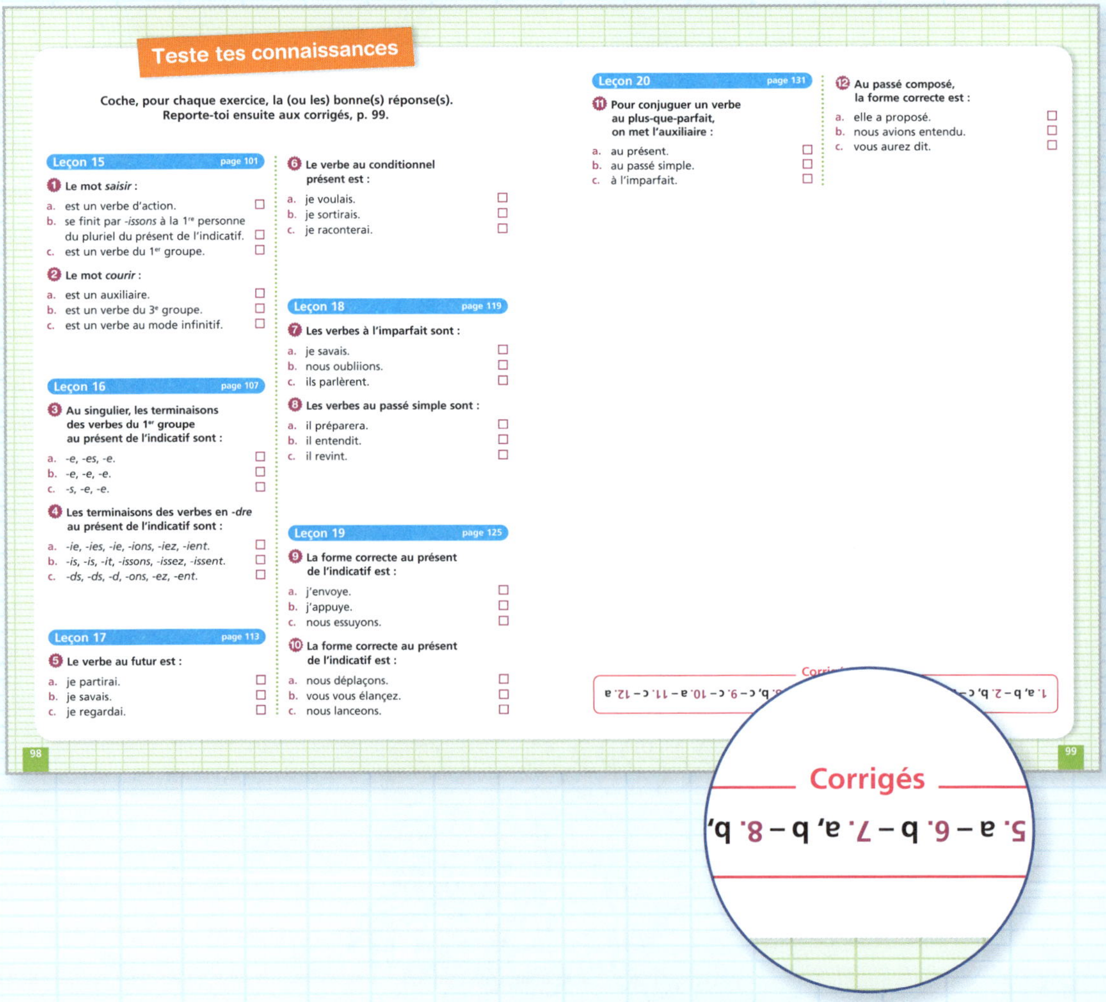

Teste tes connaissances

Coche, pour chaque exercice, la (ou les) bonne(s) réponse(s).
Reporte-toi ensuite aux corrigés, p. 99.

Leçon 15 page 101

1 Le mot *saisir* :
a. est un verbe d'action. ☐
b. se finit par *-issons* à la 1re personne du pluriel du présent de l'indicatif. ☐
c. est un verbe du 1er groupe. ☐

2 Le mot *courir* :
a. est un auxiliaire. ☐
b. est un verbe du 3e groupe. ☐
c. est un verbe au mode infinitif. ☐

Leçon 16 page 107

3 Au singulier, les terminaisons des verbes du 1er groupe au présent de l'indicatif sont :
a. -e, -es, -e. ☐
b. -e, -e, -e. ☐
c. -s, -e, -e. ☐

4 Les terminaisons des verbes en *-dre* au présent de l'indicatif sont :
a. *-ie, -ies, -ie, -ions, -iez, -ient.* ☐
b. *-is, -is, -it, -issons, -issez, -issent.* ☐
c. *-ds, -ds, -d, -ons, -ez, -ent.* ☐

Leçon 17 page 113

5 Le verbe au futur est :
a. je partirai. ☐
b. je savais. ☐
c. je regardai. ☐

6 Le verbe au conditionnel présent est :
a. je voulais. ☐
b. je sortirais. ☐
c. je raconterai. ☐

Leçon 18 page 119

7 Les verbes à l'imparfait sont :
a. je savais. ☐
b. nous oubliions. ☐
c. ils parlèrent. ☐

8 Les verbes au passé simple sont :
a. il préparera. ☐
b. il entendit. ☐
c. il revint. ☐

Leçon 19 page 125

9 La forme correcte au présent de l'indicatif est :
a. j'envoye. ☐
b. j'appuye. ☐
c. nous essuyons. ☐

10 La forme correcte au présent de l'indicatif est :
a. nous déplaçons. ☐
b. vous vous élançez. ☐
c. nous lanceons. ☐

Leçon 20 page 131

11 Pour conjuguer un verbe au plus-que-parfait, on met l'auxiliaire :
a. au présent. ☐
b. au passé simple. ☐
c. à l'imparfait. ☐

12 Au passé composé, la forme correcte est :
a. elle a proposé. ☐
b. nous avions entendu. ☐
c. vous aurez dit. ☐

98 99

Corrigés

5. a – 6. b – 7. a, b – 8. b,

Tu vérifies tes réponses dans les corrigés. Tu peux ainsi travailler en priorité les leçons où tu as fait le plus d'erreurs.

Les leçons

Lis attentivement le cours et retiens particulièrement ce qui est surligné en jaune.

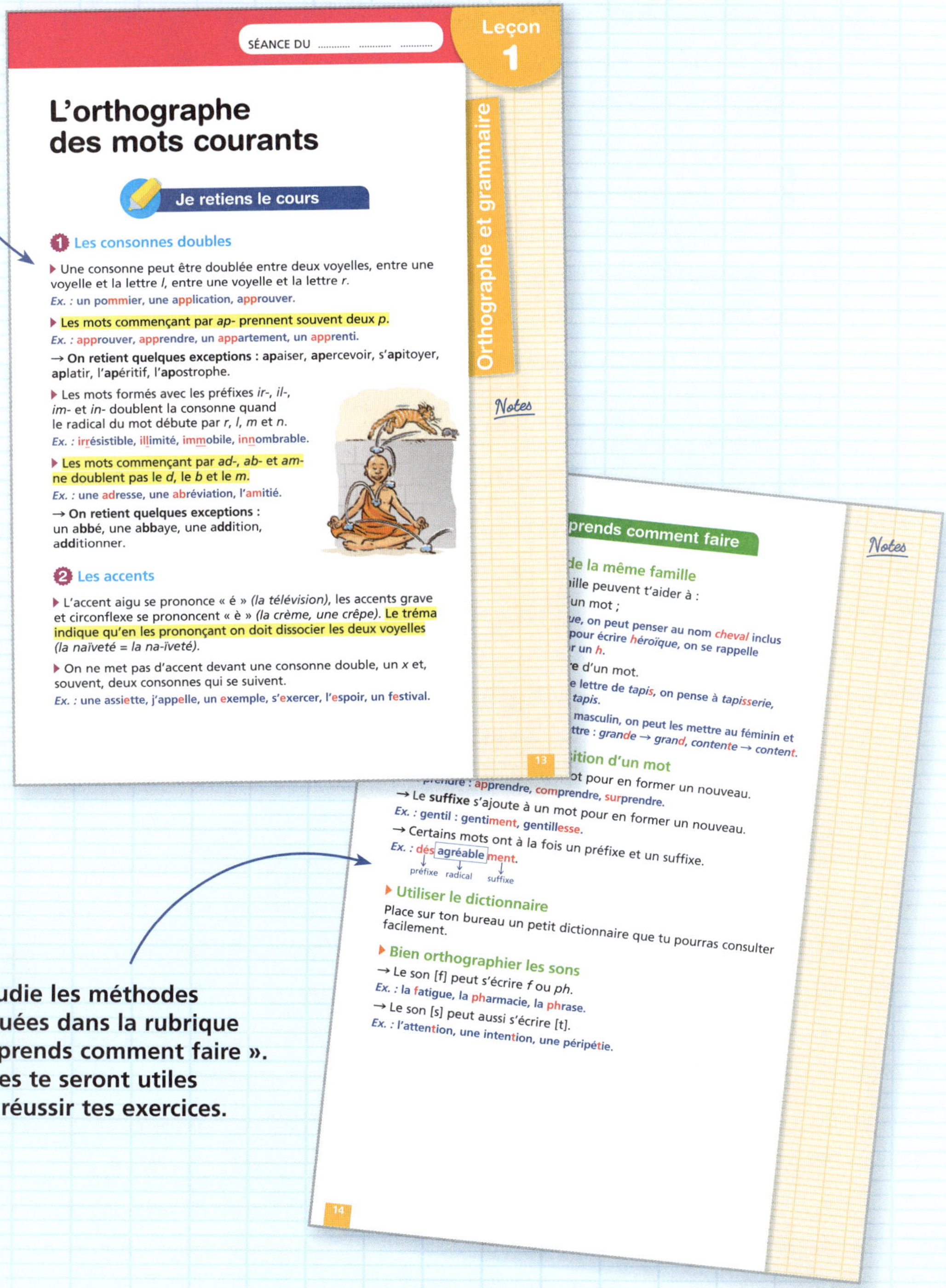

SÉANCE DU ....

Leçon 1

Orthographe et grammaire

L'orthographe des mots courants

Je retiens le cours

1 Les consonnes doubles

▸ Une consonne peut être doublée entre deux voyelles, entre une voyelle et la lettre *l*, entre une voyelle et la lettre *r*.
Ex. : un pommier, une application, approuver.

▸ Les mots commençant par *ap-* prennent souvent deux *p*.
Ex. : approuver, apprendre, un appartement, un apprenti.
→ **On retient quelques exceptions :** apaiser, apercevoir, s'apitoyer, aplatir, l'apéritif, l'apostrophe.

▸ Les mots formés avec les préfixes *ir-*, *il-*, *im-* et *in-* doublent la consonne quand le radical du mot débute par *r*, *l*, *m* et *n*.
Ex. : irrésistible, illimité, immobile, innombrable.

▸ Les mots commençant par *ad-*, *ab-* et *am-* ne doublent pas le *d*, le *b* et le *m*.
Ex. : une adresse, une abréviation, l'amitié.
→ **On retient quelques exceptions :** un abbé, une abbaye, une addition, additionner.

2 Les accents

▸ L'accent aigu se prononce « é » *(la télévision)*, les accents grave et circonflexe se prononcent « è » *(la crème, une crêpe)*. Le tréma indique qu'en les prononçant on doit dissocier les deux voyelles *(la naïveté = la na-ïveté)*.

▸ On ne met pas d'accent devant une consonne double, un *x* et, souvent, deux consonnes qui se suivent.
Ex. : une assiette, j'appelle, un exemple, s'exercer, l'espoir, un festival.

Notes

13

...prends comment faire

...de la même famille
...ille peuvent t'aider à :
...un mot ;
...ue, on peut penser au nom *cheval* inclus
...pour écrire *héroïque*, on se rappelle
...r un *h*.
...e d'un mot.
...e lettre de *tapis*, on pense à *tapisserie*,
...*tapis*.
...masculin, on peut les mettre au féminin et
...ttre : *grande* → *grand*, *contente* → *content*.

...ition d'un mot
...ot pour en former un nouveau.
...prendre : apprendre, comprendre, surprendre.
→ Le **suffixe** s'ajoute à un mot pour en former un nouveau.
Ex. : gentil : gentiment, gentillesse.
→ Certains mots ont à la fois un préfixe et un suffixe.
Ex. : dés agréable ment.
préfixe radical suffixe

▸ **Utiliser le dictionnaire**
Place sur ton bureau un petit dictionnaire que tu pourras consulter facilement.

▸ **Bien orthographier les sons**
→ Le son [f] peut s'écrire *f* ou *ph*.
Ex. : la fatigue, la pharmacie, la phrase.
→ Le son [s] peut aussi s'écrire [t].
Ex. : l'attention, une intention, une péripétie.

Notes

14

Étudie les méthodes expliquées dans la rubrique « Je comprends comment faire ». Elles te seront utiles pour réussir tes exercices.

Les exercices et les corrigés

Entraîne-toi en faisant les 6 à 8 exercices de la leçon. Pratique : tu as toute la place nécessaire pour écrire directement sur le livre !

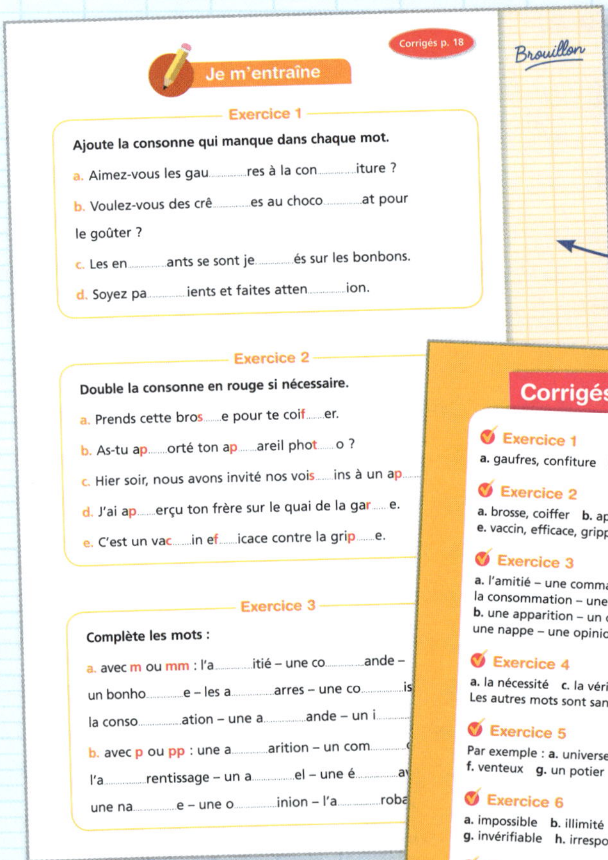
Corrigés p. 18

Brouillon

Je m'entraîne

Exercice 1

Ajoute la consonne qui manque dans chaque mot.

a. Aimez-vous les gau.........res à la con.........iture ?

b. Voulez-vous des crê.........es au choco.........at pour le goûter ?

c. Les en.........ants se sont je.........és sur les bonbons.

d. Soyez pa.........ients et faites atten.........ion.

Exercice 2

Double la consonne en rouge si nécessaire.

a. Prends cette bros.....e pour te coif.....er.

b. As-tu ap.....orté ton ap.....areil phot.....o ?

c. Hier soir, nous avons invité nos vois.....ins à un ap...

d. J'ai ap.....erçu ton frère sur le quai de la gar.....e.

e. C'est un vac.....in ef.....icace contre la grip.....e.

Exercice 3

Complète les mots :

a. avec m ou mm : l'a.........itié – une co.........ande – un bonho.........e – les a.........arres – une co.........is... la conso.........ation – une a.........ande – un i...

b. avec p ou pp : une a.........arition – un com... l'a.........rentissage – un a.........el – une é.........a... une na.........e – une o.........inion – l'a.........roba...

Utilise la marge comme brouillon !

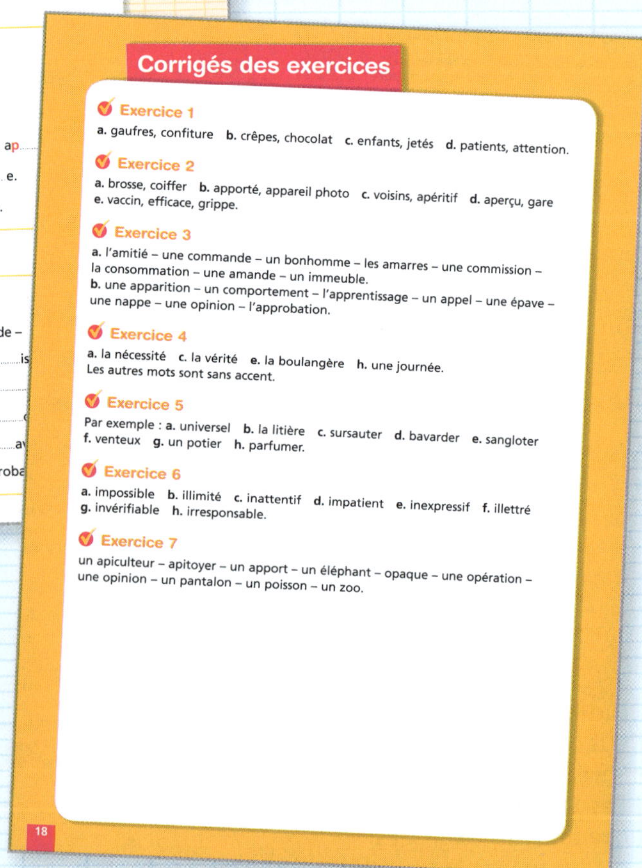
Corrigés des exercices

Exercice 1

a. gaufres, confiture b. crêpes, chocolat c. enfants, jetés d. patients, attention.

Exercice 2

a. brosse, coiffer b. apporté, appareil photo c. voisins, apéritif d. aperçu, gare e. vaccin, efficace, grippe.

Exercice 3

a. l'amitié – une commande – un bonhomme – les amarres – une commission – la consommation – une amande – un immeuble.
b. une apparition – un comportement – l'apprentissage – un appel – une épave – une nappe – une opinion – l'approbation.

Exercice 4

a. la nécessité c. la vérité e. la boulangère h. une journée.
Les autres mots sont sans accent.

Exercice 5

Par exemple : a. universel b. la litière c. sursauter d. bavarder e. sangloter f. venteux g. un potier h. parfumer.

Exercice 6

a. impossible b. illimité c. inattentif d. impatient e. inexpressif f. illettré g. invérifiable h. irresponsable.

Exercice 7

un apiculteur – apitoyer – un apport – un éléphant – opaque – une opération – une opinion – un pantalon – un poisson – un zoo.

18

Vérifie tes réponses en consultant les corrigés qui se trouvent à la fin de chaque leçon.

Les tableaux de conjugaison

Aide-toi des tableaux de conjugaison en fin d'ouvrage (pages 171 à 176) pour faire tes exercices et mémorise-les.

Temps simples

	Indicatif				Conditionnel
	Présent	Imparfait	Passé simple	Futur	Présent
Être	je suis tu es il, elle est nous sommes vous êtes ils, elles sont	j' étais tu étais il, elle était nous étions vous étiez ils, elles étaient	je fus tu fus il, elle fut nous fûmes vous fûtes ils, elles furent	Je serai tu seras il, elle sera nous serons vous serez ils, elles seront	je serais tu serais il, elle serait nous serions vous seriez ils, elles seraient
Avoir	j' ai tu as il, elle a nous avons vous avez ils, elles ont	j' avais tu avais il, elle avait nous avions vous aviez ils, elles avaient	j' eus tu eus il, elle eut nous eûmes vous eûtes ils, elles eurent	j' aurai tu auras il, elle aura nous aurons vous aurez ils, elles auront	j' aurais tu aurais il, elle aurait nous aurions vous auriez ils, elles auraient
Chanter	je chante tu chantes il, elle chante nous chantons vous chantez ils, elles chantent	je chantais tu chantais il, elle chantait nous chantions vous chantiez ils, elles chantaient	je chantai tu chantas il, elle chanta nous chantâmes vous chantâtes ils, elles chantèrent	je chanterai tu chanteras il, elle chantera nous chanterons vous chanterez ils, elles chanteront	je chanterais tu chanterais il, elle chanterait nous chanterions vous chanteriez ils, elles chanteraient
Finir	je finis tu finis il, elle finit nous finissons vous finissez ils, elles finissent	je finissais tu finissais il, elle finissait nous finissions vous finissiez ils, elles finissaient	je finis tu finis il, elle finit nous finîmes vous finîtes ils, elles finirent	je finirai tu finiras il, elle finira nous finirons vous finirez ils, elles finiront	je finirais tu finirais il, elle finirait nous finirions vous finiriez ils, elles finiraient
Aller	je vais tu vas il, elle va nous allons vous allez ils, elles vont	j' allais tu allais il, elle allait nous allions vous alliez ils, elles allaient	j' allai tu allas il, elle alla nous allâmes vous allâtes ils, elles allèrent	j' irai tu iras il, elle ira nous irons vous irez ils, elles iront	j' irais tu irais il, elle irait nous irions vous iriez ils, elles iraient
Dire	je dis tu dis il, elle dit nous disons vous dites ils, elles disent	je disais tu disais il, elle disait nous disions vous disiez ils, elles disaient	je dis tu dis il, elle dit nous dîmes vous dîtes ils, elles dirent	je dirai tu diras il, elle dira nous dirons vous direz ils, elles diront	je dirais tu dirais il, elle dirait nous dirions vous diriez ils, elles diraient
Faire	je fais tu fais il, elle fait nous faisons vous faites ils, elles font	je faisais tu faisais il, elle faisait nous faisions vous faisiez ils, elles faisaient	je fis tu fis il, elle fit nous fîmes vous fîtes ils, elles firent	je ferai tu feras il, elle fera nous ferons vous ferez ils, elles feront	je ferais tu ferais il, elle ferait nous ferions vous feriez ils, elles feraient

172

Temps composés

	Indicatif				Conditionnel
	Passé composé	Plus-que-parfait	Passé antérieur	Futur antérieur	Passé
Être	j' ai été tu as été il, elle a été nous avons été vous avez été ils, elles ont été	j' avais été tu avais été il, elle avait été nous avions été vous aviez été ils, elles avaient été	j' eus été tu eus été il, elle eut été nous eûmes été vous eûtes été ils, elles eurent été	j' aurai été tu auras été il, elle aura été nous aurons été vous aurez été ils, elles auront été	j' aurais été tu aurais été il, elle aurait été nous aurions été vous auriez été ils, elles auraient été
Avoir	j' ai eu tu as eu il, elle a eu nous avons eu vous avez eu ils, elles ont eu	j' avais eu tu avais eu il, elle avait eu nous avions eu vous aviez eu ils, elles avaient eu	j' eus eu tu eus eu il, elle eut eu nous eûmes eu vous eûtes eu ils, elles eurent eu	j' aurai eu tu auras eu il, elle aura eu nous aurons eu vous aurez eu ils, elles auront eu	j' aurais eu tu aurais eu il, elle aurait eu nous aurions eu vous auriez eu ils, elles auraient eu
Chanter	j' ai chanté tu as chanté il, elle a chanté nous avons chanté vous avez chanté ils, elles ont chanté	j' avais chanté tu avais chanté il, elle avait chanté nous avions chanté vous aviez chanté ils, elles avaient chanté	j' eus chanté tu eus chanté il, elle eut chanté nous eûmes chanté vous eûtes chanté ils, elles eurent chanté	j' aurai chanté tu auras chanté il, elle aura chanté nous aurons chanté vous aurez chanté ils, elles auront chanté	j' aurais chanté tu aurais chanté il, elle aurait chanté nous aurions chanté vous auriez chanté ils, elles auraient chanté
Finir	j' ai fini tu as fini il, elle a fini nous avons fini vous avez fini ils, elles ont fini	j' avais fini tu avais fini il, elle avait fini nous avions fini vous aviez fini ils, elles avaient fini	j' eus fini tu eus fini il, elle eut fini nous eûmes fini vous eûtes fini ils, elles eurent fini	j' aurai fini tu auras fini il, elle aura fini nous aurons fini vous aurez fini ils, elles auront fini	j' aurais fini tu aurais fini il, elle aurait fini nous aurions fini vous auriez fini ils, elles auraient fini
Aller	je suis allé(e) tu es allé(e) il est allé elle est allée nous sommes allé(e)s vous êtes allé(e)s ils sont allés elles sont allées	j' étais allé(e) tu étais allé(e) il était allé elle était allée nous étions allé(e)s vous étiez allé(e)s ils étaient allés elles étaient allées	je fus allé(e) tu fus allé(e) il fut allé elle fut allée nous fûmes allé(e)s vous fûtes allé(e)s ils furent allés elles furent allées	je serai allé(e) tu seras allé(e) il sera allé elle sera allée nous serons allé(e)s vous serez allé(e)s ils seront allés elles seront allées	je serais allé(e) tu serais allé(e) il serait allé elle serait allée nous serions allé(e)s vous seriez allé(e)s ils seraient allés elles seraient allées
Dire	j' ai dit tu as dit il, elle a dit nous avons dit vous avez dit ils, elles ont dit	j' avais dit tu avais dit il, elle avait dit nous avions dit vous aviez dit ils, elles avaient dit	j' eus dit tu eus dit il, elle eut dit nous eûmes dit vous eûtes dit ils, elles eurent dit	j' aurai dit tu auras dit il, elle aura dit nous aurons dit vous aurez dit ils, elles auront dit	j' aurais dit tu aurais dit il, elle aurait dit nous aurions dit vous auriez dit ils, elles auraient dit
Faire	j' ai fait tu as fait il, elle a fait nous avons fait vous avez fait ils, elles ont fait	j' avais fait tu avais fait il, elle avait fait nous avions fait vous aviez fait ils, elles avaient fait	j' eus fait tu eus fait il, elle eut fait nous eûmes fait vous eûtes fait ils, elles eurent fait	j' aurai fait tu auras fait il, elle aura fait nous aurons fait vous aurez fait ils, elles auront fait	j' aurais fait tu aurais fait il, elle aurait fait nous aurions fait vous auriez fait ils, elles auraient fait

173

Partie 1

Orthographe et grammaire

Teste tes connaissances

Coche, pour chaque exercice, la (ou les) bonne(s) réponse(s).
Reporte-toi ensuite aux corrigés, p. 12.

Leçon 1 — page 13

1 Le(s) mot(s) correctement orthographié(s) est (sont) :

a. apporter. ☐
b. apercevoir. ☐
c. innommable. ☐

2 Le(s) mot(s) correctement orthographié(s) est (sont) :

a. un estuaire. ☐
b. un éxamen. ☐
c. des jumelles. ☐

Leçon 2 — page 19

3 Le féminin du nom *bijoutier* est :

a. bijoutiaire. ☐
b. bijoutierre. ☐
c. bijoutière. ☐

4 Le féminin de l'adjectif *merveilleux* est :

a. émerveillée. ☐
b. merveilleuse. ☐
c. merveilleure. ☐

Leçon 3 — page 25

5 Au pluriel, la (les) forme(s) correcte(s) est (sont) :

a. des rivaux. ☐
b. des évantaux. ☐
c. des chapeaux. ☐

6 Le pluriel de l'adjectif *départemental* est :

a. départementals. ☐
b. départementaux. ☐
c. départementeaux. ☐

Leçon 4 — page 31

7 Dans la phrase « Tom n'... pas vu ... j'ai mis mon classeur. », il manque :

a. a, ou. ☐
b. a, où. ☐
c. à, où. ☐

8 Dans la phrase « Léa ... demande si ... bottes-là lui vont. », il manque :

a. se, ces. ☐
b. se, ses. ☐
c. ce, ces. ☐

Leçon 5 — page 37

9 Le nom est :

a. courir. ☐
b. course. ☐
c. rapide. ☐

10 Les déterminants :

a. accompagnent les noms. ☐
b. accompagnent les verbes. ☐
c. remplacent un nom. ☐

Leçon 6 — page 43

11 Le groupe nominal minimal est :

a. cet été. ☐
b. Antoine. ☐
c. un beau matin. ☐

12 Dans le GN « mon voisin », est :

a. un déterminant possessif. ☐
b. un déterminant démonstratif. ☐
c. un article défini. ☐

Leçon 7 — page 49

13 Les groupes nominaux correctement orthographiés sont :

a. une nouvelle année. ☐
b. un bel automne. ☐
c. les bels saisons. ☐

14 L'expression correctement orthographiée est :

a. ces beaux ciels d'été. ☐
b. ces beau ciels d'été. ☐
c. ces beaux ciels d'étés. ☐

Leçon 8 — page 55

15 Dans la phrase « Sur le stade, les joueurs s'entraînent », le sujet est :

a. Sur le stade. ☐
b. les joueurs. ☐
c. Sur le stade, les joueurs. ☐

16 Dans la phrase « Nathan sera notre délégué. », l'attribut du sujet est :

a. un verbe. ☐
b. un groupe nominal. ☐
c. un adjectif qualificatif. ☐

Leçon 9 — page 61

17 La phrase correctement orthographiée est :

a. Le lièvre et la tortue courent ensemble. ☐
b. Le lièvre et la tortue cours ensemble. ☐
c. Le lièvre et la tortue court ensemble. ☐

18 La phrase correctement orthographiée est :

a. Je les regardes jouer. ☐
b. Il les regardent jouer. ☐
c. Tu les regardes jouer. ☐

Leçon 10 — page 67

19 Les phrases correctement orthographiées sont :

a. Line et Julia sont à la maisons. ☐
b. Line et Julia sont ravies de leur journée. ☐
c. Line et Julia vivent heureuses à Londres. ☐

20 Les phrases correctement orthographiées sont :

a. Line et Julia ont adopté un chat. ☐
b. Line et Julia sont revenus contentes. ☐
c. Line et Julia sont allées chez le dentiste. ☐

Leçon 11 — page 73

21 Dans la phrase « Je t'ai déjà donné mon avis. », le COD de *donner* est :

a. un nom. ☐
b. un pronom. ☐
c. un groupe nominal. ☐

22 Dans la phrase « Tu ressembles à ta sœur. », *à ta sœur* est :

a. le COD du verbe *ressembler*. ☐
b. le COI du verbe *ressembler*. ☐
c. le sujet du verbe *ressembler*. ☐

Leçon 12 page 79

23 **Dans la phrase « Chaque soir, à sa fenêtre, il admire la nuit. », le(s) CC est (sont) :**

a. chaque soir. ☐
b. à sa fenêtre. ☐
c. la nuit. ☐

24 **Dans la phrase « Avec cette touche, tu obtiens les majuscules. », *avec cette touche* est :**

a. un CCL. ☐
b. un CC de manière. ☐
c. un CC de moyen. ☐

Leçon 13 page 85

25 **Les trois niveaux de langue sont :**

a. les styles vulgaire, ordinaire et soutenu. ☐
b. les styles familier, courant et soutenu. ☐
c. les styles familier, normal et élégant. ☐

26 **La phrase « Pourquoi dis-tu cela ? » est :**

a. une interrogation totale. ☐
b. une interrogation partielle. ☐
c. une phrase interrogative. ☐

Leçon 14 page 91

27 **Une phrase simple contient :**

a. aucun verbe. ☐
b. un verbe. ☐
c. plusieurs verbes. ☐

28 **Une proposition qui se suffit à elle-même est appelée :**

a. une proposition indépendante. ☐
b. une proposition subordonnée. ☐
c. une proposition principale. ☐

Corrigés

1. a, b, c – **2.** a, c – **3.** c – **4.** b – **5.** a, c – **6.** b – **7.** b – **8.** a – **9.** b – **10.** a – **11.** a – **12.** a – **13.** a, b – **14.** a – **15.** b – **16.** b – **17.** a – **18.** c – **19.** b, c – **20.** a, c – **21.** c – **22.** b – **23.** a, b – **24.** c – **25.** b – **26.** b et c – **27.** b – **28.** a

SÉANCE DU ....

L'orthographe des mots courants

Je retiens le cours

1 Les consonnes doubles

▶ Une consonne peut être doublée entre deux voyelles, entre une voyelle et la lettre *l*, entre une voyelle et la lettre *r*.

Ex. : **un pommier, une application, approuver.**

▶ Les mots commençant par *ap-* prennent souvent deux *p*.

Ex. : **approuver, apprendre, un appartement, un apprenti.**

→ **On retient quelques exceptions : ap**aiser, **ap**ercevoir, s'**ap**itoyer, **ap**latir, l'**ap**éritif, l'**ap**ostrophe.

▶ Les mots formés avec les préfixes *ir-*, *il-*, *im-* et *in-* doublent la consonne quand le radical du mot débute par *r*, *l*, *m* et *n*.

Ex. : **irrésistible, illimité, immobile, innombrable.**

▶ Les mots commençant par *ad-*, *ab-* et *am-* ne doublent pas le *d*, le *b* et le *m*.

Ex. : **une adresse, une abréviation, l'amitié.**

→ **On retient quelques exceptions :** un a**bb**é, une a**bb**aye, une a**dd**ition, a**dd**itionner.

2 Les accents

▶ L'accent aigu se prononce « é » *(la télévision)*, les accents grave et circonflexe se prononcent « è » *(la crème, une crêpe)*. Le tréma indique qu'en les prononçant on doit dissocier les deux voyelles *(la naïveté = la na-ïveté)*.

▶ On ne met pas d'accent devant une consonne double, un *x* et, souvent, deux consonnes qui se suivent.

Ex. : **une assiette, j'appelle, un exemple, s'exercer, l'espoir, un festival.**

Notes

Je comprends comment faire

Chercher des mots de la même famille

Les mots de la même famille peuvent t'aider à :

- trouver l'**orthographe** d'un mot ;

Ex. : Pour écrire *chevaleresque*, on peut penser au nom *cheval* inclus dans le mot. De même, pour écrire *héroïque*, on se rappelle que *héros* commence par un *h*.

- connaître la **dernière lettre** d'un mot.

Ex. : Pour connaître la dernière lettre de *tapis*, on pense à *tapisserie*, un mot formé à partir de *tapis*.

Pour écrire les adjectifs au masculin, on peut les mettre au féminin et deviner ainsi la dernière lettre : *grande* → *grand*, *contente* → *content*.

Comprendre la composition d'un mot

→ Le **préfixe** s'ajoute à un mot pour en former un nouveau.

Ex. : prendre : apprendre, comprendre, surprendre.

→ Le **suffixe** s'ajoute à un mot pour en former un nouveau.

Ex. : gentil : gentiment, gentillesse.

→ Certains mots ont à la fois un préfixe et un suffixe.

Ex. : dés agréable ment.

dés → préfixe ; agréable → radical ; ment → suffixe

Utiliser le dictionnaire

Place sur ton bureau un petit dictionnaire que tu pourras consulter facilement.

Bien orthographier les sons

→ Le son [f] peut s'écrire *f* ou *ph*.

Ex. : la fatigue, la pharmacie, la phrase.

→ Le son [s] peut aussi s'écrire [t].

Ex. : l'attention, une intention, une péripétie.

→ Le son [k] peut s'écrire *c*, *qu*, *k* ou *ch*.

Ex. : un caméléon, un quiproquo, un koala, une chorale.

Notes

Corrigés p. 18

Brouillon

Je m'entraîne

Exercice 1

Ajoute la consonne qui manque dans chaque mot.

a. Aimez-vous les gau.................res à la con.................iture ?

b. Voulez-vous des crê.................es au choco.................at pour le goûter ?

c. Les en.................ants se sont je.................és sur les bonbons.

d. Soyez pa.................ients et faites atten.................ion.

Exercice 2

Double la consonne en rouge si nécessaire.

a. Prends cette bros........e pour te coif........er.

b. As-tu ap........orté ton ap........areil phot........o ?

c. Hier soir, nous avons invité nos vois........ins à un ap........éritif.

d. J'ai ap........erçu ton frère sur le quai de la gar........e.

e. C'est un vac........in ef........icace contre la grip........e.

Exercice 3

Complète les mots :

a. avec **m** ou **mm** : l'a.................itié – une co.................ande – un bonho.................e – les a.................arres – une co.................ission – la conso.................ation – une a.................ande – un i.................euble.

b. avec **p** ou **pp** : une a.................arition – un com.................ortement – l'a.................rentissage – un a.................el – une é.................ave – une na.................e – une o.................inion – l'a.................robation.

Exercice 4

Ajoute les accents nécessaires.

a. la necessite

b. l'exportation

c. la verite

d. un inspecteur

e. la boulangere

f. une chienne

g. une forteresse

h. une journee

i. une gaufrette

Exercice 5

Pour chacun des noms suivants, donne un mot de la même famille qui explique la lettre finale.

a. l'univers : ....

b. le lit : ....

c. un sursaut : ....

d. un bavard : ....

e. un sanglot : ....

f. le vent : ....

g. un pot : ....

h. le parfum : ....

Brouillon

Exercice 6

Donne le contraire de chaque mot en ajoutant les préfixes suivants : in-, im-, il- ou ir-.

a. possible : ....

b. limité : ....

c. attentif : ....

d. patient : ....

e. expressif : ....

f. lettré : ....

g. vérifiable : ....

h. responsable : ....

Exercice 7

Écris les mots suivants par ordre alphabétique.

un apiculteur – une opinion – opaque – un apport – apitoyer – une opération – un éléphant – un zoo – un poisson – un pantalon

....

....

....

....

....

....

....

....

....

....

Brouillon

Corrigés des exercices

Exercice 1

a. gaufres, confiture **b.** crêpes, chocolat **c.** enfants, jetés **d.** patients, attention.

Exercice 2

a. brosse, coiffer **b.** apporté, appareil photo **c.** voisins, apéritif **d.** aperçu, gare **e.** vaccin, efficace, grippe.

Exercice 3

a. l'amitié – une commande – un bonhomme – les amarres – une commission – la consommation – une amande – un immeuble.
b. une apparition – un comportement – l'apprentissage – un appel – une épave – une nappe – une opinion – l'approbation.

Exercice 4

a. la nécessité **c.** la vérité **e.** la boulangère **h.** une journée.
Les autres mots sont sans accent.

Exercice 5

Par exemple : **a.** universel **b.** la litière **c.** sursauter **d.** bavarder **e.** sangloter **f.** venteux **g.** un potier **h.** parfumer.

Exercice 6

a. impossible **b.** illimité **c.** inattentif **d.** impatient **e.** inexpressif **f.** illettré **g.** invérifiable **h.** irresponsable.

Exercice 7

un apiculteur – apitoyer – un apport – un éléphant – opaque – une opération – une opinion – un pantalon – un poisson – un zoo.

Le féminin des noms, adjectifs et participes passés

Je retiens le cours

1 Le genre des noms

▶ Seuls les noms des **êtres animés** (êtres humains, animaux) peuvent changer de genre.

Ex. : **un infirmier → une infirmière, un ours → une ourse.**

▶ Les noms des **choses** ont, quant à eux, un genre bien défini.

Ex. : **un salon : nom masculin ; une chaise : nom féminin.**

2 Le féminin des noms

▶ Certains noms sont semblables au masculin et au féminin.

Ex. : **un enfant/une enfant.**

▶ D'autres noms sont totalement différents au masculin et au féminin.

Ex. : **un cheval/une jument, un oncle/une tante, un neveu/une nièce.**

▶ Certains noms prennent seulement un -e au féminin.

Ex. : **un cousin/une cousine, un employé/une employée.**

▶ Pour certains noms, la terminaison est modifiée au féminin.

Ex. : **un boucher/une bouchère, un lion/une lionne, un jumeau/une jumelle.**

3 Le féminin des adjectifs

▶ En règle générale, **l'adjectif prend un -*e*** au féminin.

Ex. : **vilain/vilaine, gourmand/gourmande, mûr/mûre.**

▶ **Dans certains cas, la terminaison est modifiée :**

• la consonne est doublée ;

Ex. : **gras/grasse, ancien/ancienne, net/nette.**

Notes

• la consonne est modifiée ;

Ex. : **neuf/neuve, joyeux/joyeuse, vif/vive.**

• la terminaison est modifiée.

Ex. : **nouveau/nouvelle, moqueur/moqueuse, cher/chère, fou/folle, vieux/vieille, dominateur/dominatrice.**

4 Le féminin des participes passés

Les participes passés se terminent par un -e au féminin :

• verbes en *-er* : **chanté/chantée** ;

• autres verbes : **fini/finie, parti/partie, pris/prise, écrit/écrite, fait/faite.**

Je comprends comment faire

Mettre un nom ou un adjectif au féminin

→ **En général**, pour mettre un nom ou un adjectif au féminin, **on ajoute un *-e***.

Ex. : **un délégué → une déléguée, pointu → pointue, vert → verte.**

Si le nom ou l'adjectif se termine par une consonne, on double la consonne.

Ex. : **un chien → une chienne, violet → violette, immortel → immortelle.**

→ **Les noms et les adjectifs terminés par *-er*** se terminent par ***-ère*** au féminin.

Ex. : **un boulanger → une boulangère, cher → chère.**

→ **Les noms et les adjectifs terminés par *-eur* ou *-eux*** se terminent par ***-euse*** au féminin.

Ex. : **un chanteur → une chanteuse, heureux → heureuse.**

→ **Les noms et les adjectifs terminés par un *-e* au masculin ne changent pas** au féminin.

Ex. : **un ministre/une ministre, aimable/aimable, efficace/efficace.**

L'orthographe des adjectifs et des participes passés

Pour mettre l'adjectif ou le participe passé au féminin, il faut le faire précéder de « elle est ». En les mettant ainsi au féminin, on peut connaître leur terminaison au masculin.

Ex. : **elle est contente → il est content, elle est écrite → il est écrit.**

Notes

Corrigés p. 24

Je m'entraîne

Brouillon

Exercice 1

Entoure les noms qui ne peuvent pas changer de genre. Pourquoi ?

un ordinateur – un blessé – une table – un élève – une princesse – une étoile – un ruban – un gardien – un tapis – un sentiment – un jeu – une infirmière

....

....

....

Exercice 2

Entoure les adjectifs qui ne changent pas au féminin. Pourquoi ?

amical – gentil – agréable – intelligent – rouge – timide – violent – sage – rapide – étonnant – lointain – rose

....

....

Exercice 3

Écris les noms au féminin.

a. un poissonnier : ....

b. un Parisien : ....

c. un voyageur : ....

d. un électeur : ....

Exercice 4

Donne le masculin des noms suivants.

a. une louve : ....

b. une épouse : ....

c. une nièce : ....

d. une vendeuse : ....

e. une belle-mère : ....

Exercice 5

Associie les mâles et les femelles.
Utilise un dictionnaire si nécessaire.

a. un porc •	• 1. une dinde
b. un mouton •	• 2. une chèvre
c. un bouc •	• 3. une truie
d. un canard •	• 4. une brebis
e. un dindon •	• 5. une cane

Exercice 6

Remplace le nom en gras par celui entre parenthèses et écris le groupe nominal.

a. un **pull** écossais (chemise) : ....

b. un **chien** peureux (chienne) : ....

c. un beau **jardin** (pelouse) : ....

d. un **sirop** amer (boisson) : ....

e. un **fait** réel (histoire) : ....

Brouillon

Exercice 7

Accorde les adjectifs au féminin en les faisant précéder de « elle est ».

a. agressif : ....

b. faux : ....

c. affreux : ....

d. naturel : ....

e. sot : ....

Exercice 8

En utilisant la formule « elle est », écris au féminin le participe passé des verbes.

a. comprendre : ....

b. ranger : ....

c. applaudir : ....

d. traduire : ....

e. construire : ....

f. promettre : ....

Exercice 9

Écris au masculin les participes passés et les adjectifs.

a. Elle est soutenue. Il est ....

b. Elle est songeuse. ....

c. Elle est nouvelle. ....

d. Elle est éteinte. ....

Brouillon

Corrigés des exercices

Exercice 1

Un ordinateur, une table, une étoile, un ruban, un tapis, un sentiment, un jeu : ces noms sont inanimés.

Exercice 2

Agréable, rouge, timide, sage, rapide, rose : ces adjectifs ne changent pas de forme parce qu'ils se terminent par un -*e* au masculin et au féminin.

Exercice 3

a. une poissonnière **b.** une Parisienne **c.** une voyageuse **d.** une électrice.

Exercice 4

a. un loup **b.** un époux **c.** un neveu **d.** un vendeur **e.** un beau-père.

Exercice 5

a. 3 **b.** 4 **c.** 2 **d.** 5 **e.** 1.

Exercice 6

a. une chemise écossaise **b.** une chienne peureuse **c.** une belle pelouse
d. une boisson amère. **e.** une histoire réelle.

Exercice 7

a. elle est agressive **b.** elle est fausse **c.** elle est affreuse **d.** elle est naturelle
e. elle est sotte.

Exercice 8

a. elle est comprise **b.** elle est rangée **c.** elle est applaudie **d.** elle est traduite
e. elle est construite **f.** elle est promise.

Exercice 9

a. Il est soutenu. **b.** Il est songeur. **c.** Il est nouveau. **d.** Il est éteint.

Le pluriel des noms, adjectifs et participes passés

Je retiens le cours

1 Le pluriel des noms

▶ En règle générale, les noms prennent un *s* au pluriel.

Ex. : un collégien/des collégiens, une boutique/des boutiques.

▶ Les noms en *-au*, *-eau* et *-eu* prennent un *x* au pluriel.

Ex. : un joyau → des joyaux,
un bateau → des bateaux,
un jeu → des jeux.

→ On retient **quelques exceptions :** des pneus, des bleus, des landaus…

▶ Les noms en *-al* ont leur pluriel en *-aux*.

Ex. : un animal → des animaux.

→ On retient **quelques exceptions :** *des bals, des carnavals, des chacals, des festivals…*

▶ Les noms en *-ou* et en *-ail* prennent un *s* au pluriel.

Ex. : des clous, des trous, des éventails.

→ On retient **quelques exceptions :**

- des pou**x**, des bijou**x**, des hibou**x**, des chou**x**, des genou**x**, des joujou**x**, des caillou**x** ;
- un corail → des cor**aux** ; un travail → des trav**aux** ; un vitrail → des vitr**aux** ; un émail → des ém**aux**…

2 Le pluriel des adjectifs

▶ De manière générale, les adjectifs prennent un *s* au pluriel.

Ex. : aimable/aimables, verte/vertes, joli/jolis.

▶ Les adjectifs terminés par *-eau* prennent un *x*.

Ex. : beau/beaux, nouveau/nouveaux.

Notes

Notes

▶ Les adjectifs terminés par *-al* se terminent par *-aux* au pluriel.

Ex. : **national/nationaux, vertical/verticaux.**

→ **Il y a des exceptions.** Certains mots ne suivent pas la règle des adjectifs terminés par *-al* : **banal (banals, banales), bancal, fatal, glacial, natal, naval.**

3 Le pluriel des participes passés

Les participes passés prennent un *s* au pluriel :

- verbes en *-er* : **chanté(e)/chanté(e)s** ;
- autres verbes : **fini(e)/fini(e)s ; parti(e)/parti(e)s ; voulu(e)/voulu(e)s ; fait(e)/fait(e)s ; écrit(e)/écrit(e)s.**

Je comprends comment faire

▶ Bien repérer la chaîne des accords

→ Lorsque tu écris, repère les **déterminants au pluriel** (*les, des, mes, plusieurs...*) : ils seront suivis d'un **nom au pluriel** (qui doit se terminer par *-s, -x, -aux...*).

Ex. : **des idées, plusieurs animaux.**

→ Ce nom au pluriel peut être accompagné d'**un ou plusieurs adjectifs** qui, eux aussi, doivent se mettre **au pluriel** (*-s, -x, -aux...*).

Ex. : **des idées originales, des animaux sauvages.**

→ Ce nom est peut-être le sujet d'un **verbe** qui prendra également la marque du **pluriel** (*-ent* le plus souvent au présent de l'indicatif).

Ex. : **Ces mystérieuses et gigantesques planètes gravitent autour d'une étoile.**
dét. (Ces) – adjectif (mystérieuses) – adjectif (gigantesques) – nom (planètes) – verbe (gravitent)

▶ Réfléchir au sens de la phrase pour choisir entre le singulier et le pluriel

→ Dans certains cas, le nom n'est pas accompagné d'un déterminant et tu dois réfléchir pour savoir s'il est au singulier ou au pluriel.

Ex. : **une paire de bottes → deux bottes ;**
un troupeau de moutons → plusieurs moutons ;
des recettes de cuisine → des recettes pour la cuisine.

→ Un adjectif peut s'accorder avec plusieurs noms.

Ex. : **un rôti brûlé et une tarte trop sucrée → Seule la tarte est sucrée.**
une tarte et une crème trop sucrées → La tarte et la crème sont trop sucrées.

Corrigés p. 30

Je m'entraîne

Brouillon

Exercice 1

Mets les mots suivants au pluriel.

a. un château : ....

b. un feu : ....

c. un parfum : ....

d. un aveu : ....

e. un agneau : ....

f. un journal : ....

Exercice 2

Mets les mots suivants au pluriel.

a. un verrou : ....

b. un bijou : ....

c. un voyou : ....

d. un hibou : ....

e. un caillou : ....

Exercice 3

Souligne les noms qui sont identiques au singulier et au pluriel.

des tapis – des morceaux – des jouets – des souris – des joujoux – des prix – des liens – des puits – des rôtis – des noix – des tonneaux – des vœux

Exercice 4

Mets les adjectifs entre parenthèses au pluriel.

a. des livres (neuf) : ....

b. des effets (spécial) : ....

c. les (beau) étés : ....

d. des combats (naval) : ....

e. des débats (national) : ....

Exercice 5

Souligne les adjectifs identiques au masculin singulier et au masculin pluriel.

confortables – heureux – accueillants – nouveaux – peureux – véritables – faux – rouges – gris – vieux – longs – français – verts – réels – jolis – courtois

Exercice 6

En utilisant les formules « elles sont » puis « ils sont », donne au féminin pluriel et au masculin pluriel le participe passé des verbes.

a. féliciter : ....

b. démolir : ....

c. remercier : ....

d. construire : ....

e. permettre : ....

f. comprendre : ....

Brouillon

Exercice 7

Souligne les participes passés identiques au masculin singulier et au masculin pluriel.

soulignés – regardés – applaudis – compris –
traduits – voulus – peints – promis – endormis –
permis – dessinés – appris – partis – surpris

Exercice 8

Mets les expressions suivantes au pluriel.

a. le pneu usé : ....

b. un éventail original : ....

c. le nouveau vitrail : ....

d. un chacal peureux : ....

e. un hibou banal : ....

f. un nouveau travail : ....

Exercice 9

Mets les expressions suivantes au singulier.

a. les bateaux de course : ....

b. les troupeaux de vaches : ....

c. les concours départementaux : ....

d. les recueils de chansons : ....

e. les beaux étés : ....

f. les escaliers monumentaux du château :

....

Brouillon

Corrigés des exercices

Exercice 1

a. des châteaux **b.** des feux **c.** des parfums **d.** des aveux **e.** des agneaux **f.** des journaux.

Exercice 2

a. des verrous **b.** des bijoux **c.** des voyous **d.** des hiboux **e.** des cailloux.

Exercice 3

Des tapis – des souris – des prix – des puits – des noix.

Exercice 4

a. des livres neufs **b.** des effets spéciaux **c.** les beaux étés
d. des combats navals **e.** des débats nationaux.

Exercice 5

Heureux – peureux – faux – gris – vieux – français – courtois.

Exercice 6

a. elles sont félicitées, ils sont félicités **b.** elles sont démolies, ils sont démolis
c. elles sont remerciées, ils sont remerciés **d.** elles sont construites, ils sont construits
e. elles sont permises, ils sont permis **f.** elles sont comprises, ils sont compris.

Exercice 7

Compris – promis – permis – appris – surpris. Pour savoir si un participe passé se termine par un *-s* au singulier, il faut le mettre au féminin.

Exercice 8

a. les pneus usés **b.** des éventails originaux **c.** les nouveaux vitraux
d. des chacals peureux **e.** des hiboux banals **f.** des nouveaux travaux.

Exercice 9

a. le bateau de course **b.** le troupeau de vaches (plusieurs vaches)
c. le concours départemental **d.** le recueil de chansons (plusieurs chansons)
e. le bel été **f.** l'escalier monumental du château.

Les confusions à éviter

Je retiens le cours

1 Les homophones grammaticaux

▶ Les homophones grammaticaux sont des mots qui se prononcent de la même manière mais qui n'ont pas la même classe grammaticale (nature) et qui ne s'écrivent pas de la même façon.

▶ Pour savoir quel mot choisir entre deux homophones grammaticaux, il faut trouver sa classe grammaticale et chercher si on peut le remplacer.

Ex. : **Il a (avait) rangé le livre à sa place.**

2 Comment ne pas confondre les homophones grammaticaux

Il ne faut pas confondre :

▶ *a* et *à*

Ex. : **Il a (avait) rangé le livre à sa place.**

▶ *et* et *est*

Ex. : **Marie est (était) partie acheter un cahier et (et puis) une équerre.**

▶ *ou* et *où*

Ex. : **Voulez-vous des pommes ou (ou bien) des poires ?**
Où as-tu mis les poires ?

▶ *ce* et *se*

Le pronom personnel ***se*** est toujours placé **devant un verbe.**

Ex. : **Ce matin, il se lève (je me lève) de bonne heure.**

▶ *ces, ses, c'est, s'est* et *sait*

Ex. : **C'est lui qui sait (savoir) où s'est caché Pierre.**
Ces (celles-ci) planètes gravitent autour du Soleil.
Ses (les siens) cheveux sont mouillés.

Notes

- ***ni* et *n'y***

Ex. : Il n'est ni malade ni fatigué. Je n'y crois pas.

- ***si* et *s'y***

Ex. : Il était si effrayé ! Il s'y croit !

- ***sans* et *s'en***

Ex. : Elle écrit sans faute. Elle s'en moque.

- ***on* et *ont***

On peut remplacer le pronom **on** par le pronom **il**.
On peut mettre le verbe **ont** à l'imparfait : **avaient**.

Ex. : On entend le vent. Nos joueurs ont gagné !

Je comprends comment faire

Bien écrire sa dictée

→ Il faut être **bien concentré** sur ce que dit le professeur.

→ Si tu hésites sur un mot, que cela ne t'empêche pas d'écrire la suite du texte. Contente-toi de souligner ce mot au crayon, tu réfléchiras ensuite.

Bien relire sa dictée

→ Lorsque le professeur relit le texte, ne cherche pas à corriger des fautes ou à réfléchir sur des accords ; tu n'écouterais plus le professeur. Il faut au contraire que tu écoutes attentivement afin de **vérifier que tu n'as oublié aucun mot**.

→ C'est pendant la relecture silencieuse de ta dictée que tu peux **corriger tes fautes**. Veille systématiquement aux confusions possibles (*à/a*, *et/est*...) et aux accords : vérifie d'abord, par exemple, tous les verbes, ensuite tous les adjectifs, tous les homophones, etc.

→ Pense à suivre les **chaînes d'accord** : le nom et son adjectif, le sujet et le verbe, le sujet et l'attribut du sujet.

→ Il ne faut pas se contenter de relire, il faut **chercher méthodiquement les erreurs** dues à l'oubli d'une règle grammaticale.

Notes

Corrigés p. 36

Je m'entraîne

Brouillon

Exercice 1

Complète les phrases par et ou est.

a. Paul .... Max sont partis au marché.

b. Cette histoire ....-elle vraie ? Je la trouve incroyable .... je pense que tu l'as inventée.

c. Prends-tu du beurre .... de la confiture ?

d. Thomas .... content de lui !

Exercice 2

Complète les phrases par ou ou où.

a. Es-tu allé à la montagne .... à la mer ?

b. Il ne sait plus .... il a rangé son compas.

c. Veux-tu une tortue .... un poisson rouge ?

d. .... est-il donc passé ?

Exercice 3

Complète les phrases par ce ou se.

a. .... document est illisible.

b. Il faut éviter de .... coucher trop tard.

c. .... clavier sans fil est très pratique.

d. Léa .... promène dans le parc.

e. .... pull jaune .... remarque de loin.

Exercice 4

Complète par c'est, s'est, ces, ses, sait ou sais.

a. .... Édith qui m'a donné .... crayons-là.

b. Le savant .... enfermé dans son bureau pour consulter .... documents.

c. L'archéologue .... où se trouve le trésor.

d. Je ne .... pas qui a apporté ce paquet.

e. .... Étienne qui .... proposé.

Exercice 5

Complète les phrases par ni ou n'y.

a. Allumez la lumière, je .... vois rien.

b. Nous n'avons plus .... pêches .... melons.

c. .... Lucas .... Sarah ne savent nager si loin.

d. Je vais t'aider car tu .... connais rien.

Exercice 6

Complète les phrases par si ou s'y.

a. .... je t'invite, viendras-tu ?

b. Sa chambre est .... en désordre qu'il ne .... retrouve pas.

c. Cette vie sportive ne lui convient pas ; il ne .... fait pas.

d. Nous sommes .... contents de cette nouvelle !

Brouillon

Exercice 7

Complète les phrases par sans ou s'en.

a. Je ne peux pas lire .... lunettes.

b. Il doit suivre un régime .... sel.

c. Il me prête son vélo car il ne .... sert pas.

d. J'ai fait tomber ce vase .... le faire exprès.

e. Elle .... est allée tranquillement .... se retourner.

Exercice 8

Complète les phrases par on ou ont.

a. .... est arrivé en retard.

b. Ils .... tout mangé.

c. Tes amis .... pris de tes nouvelles.

d. .... entend le train au loin.

e. Les cloches .... retenti joyeusement.

Exercice 9

Dans les phrases suivantes, corrige les six erreurs sur les homophones.

a. Ont à regardé un film et préparé un compte rendu.

....

b. La piscine et tout près mais je ni vais jamais.

....

c. Ou Théo à-t-il mis son bonnet ?

....

Brouillon

Corrigés des exercices

Exercice 1

a. et **b.** est, et **c.** et **d.** est.

Exercice 2

a. ou **b.** où **c.** ou **d.** Où.

Exercice 3

a. Ce **b.** se **c.** Ce **d.** se **e.** Ce, se.

Exercice 4

a. C'est, ces **b.** s'est, ses **c.** sait **d.** sais **e.** C'est, s'est.

Exercice 5

a. n'y **b.** ni, ni **c.** Ni, ni **d.** n'y.

Exercice 6

a. Si **b.** si, s'y **c.** s'y **d.** si.

Exercice 7

a. sans **b.** sans **c.** s'en **d.** sans **e.** s'en, sans.

Exercice 8

a. On **b.** ont **c.** ont **d.** On **e.** ont.

Exercice 9

a. On a regardé un film et préparé un compte rendu.
b. La piscine **est** tout près mais je **n'y** vais jamais.
c. Où Théo **a**-t-il mis son bonnet ?

Les principales classes (natures) de mots

Je retiens le cours

1 Classes de mots variables et de mots invariables

▶ Tous les mots appartiennent à une classe grammaticale déterminée. Ils ont une nature qui ne change pas.

Ex. : **un mot est soit un nom, soit un verbe, soit un adjectif…**

Quelle que soit la phrase dans laquelle on trouve un mot, ce mot garde la même classe grammaticale (nature).

▶ Un mot variable est un mot qui peut se mettre au féminin, au pluriel ou à une autre personne.

Ex. : **une table/des tables, je chante/tu chantes.**

▶ Un mot invariable n'a ni genre ni nombre.

Ex. : **toujours, jamais, puisque, dans.**

▶ Il existe cinq classes de mots invariables (adverbes, prépositions, conjonctions de coordination, conjonctions de subordination et interjections) et cinq classes de mots variables (verbes, noms, pronoms, déterminants, adjectifs).

2 Les noms

▶ Les noms communs sont en général précédés d'un déterminant.

Ex. : **un livre, ce cheval, mon crayon.**

▶ Les noms propres désignent un élément unique (personne, lieu).

Ex. : **Sandra, Lyon, la Bretagne, les Alpes.**

Notes

Notes

3 Les déterminants

Les déterminants accompagnent le nom avec lequel ils s'accordent.

Ex. : C'est un stylo. C'est mon stylo. C'est mon nouveau stylo.
(Voir page 43.)

4 Les adjectifs

Les adjectifs précisent le nom ou le pronom auquel ils se rapportent.

Ex. : C'est mon nouveau stylo. C'est un film passionnant. Je suis timide.

5 Les pronoms

- Les pronoms peuvent désigner la personne qui parle ou celle qui l'écoute.

Ex. : Je suis là ; tu habites à côté de chez moi ; je te parle.

- Les pronoms peuvent aussi remplacer un autre mot.

Ex. : Pierre est arrivé ; il est là. Je lis ce livre, puis je te le prête.

Je comprends comment faire

Ne pas confondre déterminant et pronom

Le déterminant précède le nom auquel il se rapporte.

Ex. : C'est mon *(déterminant possessif)* livre,
ce n'est pas le tien *(pronom possessif)*.
Le *(déterminant : article défini)* train s'en va ;
je le *(pronom personnel)* suis des yeux.

Identifier les différents pronoms

Il existe différentes catégories de pronoms. On distingue notamment :

– **les pronoms personnels** : je, tu, me, te…

Ex. : Je lui parle ; nous la regardons.

– **les pronoms possessifs** : le mien, le tien, le sien…

Ex. : Ce n'est pas mon crayon, c'est le tien.

– **les pronoms démonstratifs** : ce, celui, celle, ceux…

Ex. : Voilà ce qui compte. Je prends celui-ci.

Corrigés p. 42

Je m'entraîne

Brouillon

Exercice 1

Relève l'intrus et justifie ta réponse.

pronom – nom – verbe – conjonction de coordination – déterminant – adjectif

....

....

Exercice 2

Relève l'intrus et justifie ta réponse.

déterminant – adjectif – verbe – sujet – préposition – adverbe – nom

....

....

Exercice 3

Indique si les mots soulignés appartiennent à une classe de mots variables ou invariables.

a. Ton frère est très serviable.

b. Le médecin est venu et il a délivré une ordonnance.

c. Ce joueur est vraiment performant.

Classes de mots variables : ....

....

....

....

Classes de mots invariables : ....

....

Brouill

Exercice 4

Entoure les noms. Pour les repérer, place devant chacun le, la ou l'.

étude – regarder – utile – suivre – clavier – souris – magnifique – comme – puisque – maître – papier – gouvernement – jaune – jalousie – démarche – habitude

Exercice 5

Entoure en rouge les noms et en bleu les adjectifs.

a. La petite sœur de Noémie sera vétérinaire.

b. Le cuisinier du collège a préparé un déjeuner extraordinaire.

c. Les nageurs sont prêts à plonger.

Exercice 6

Dans les couples de phrases, indique si les mots en gras sont des noms ou des verbes.

a. Je **joue** (..............................) de la clarinette.

Tu as un bouton sur la **joue** (..............................).

b. Je retiens mon **souffle** (..............................).

Souffle (..............................) sur tes bougies.

c. Le **dîner** (..............................) est prêt !

Voulez-vous venir **dîner** (..............................) demain soir ?

d. Je **danse** (..............................) la salsa.

Le rock acrobatique est bien une **danse** (..............................).

e. Le clown éclata de **rire** (..............................).

Ne me fais pas **rire** (..............................) quand je travaille.

Exercice 7

Entoure en rouge les déterminants et en bleu les pronoms.

a. Mon chat est bien plus affectueux que le tien.

b. Je leur ai demandé s'ils avaient apporté leur ballon ou si nous allions jouer avec le nôtre.

c. Ma note d'histoire est meilleure que celle que j'ai obtenue la semaine dernière.

d. Ces produits sont dangereux ; je préfère que vous utilisiez ceux-ci.

e. Je jette un œil sur cette revue et je te la prête ensuite.

f. Mon oncle est content de nous montrer sa collection.

g. Les coureurs ont faim ; ils voudraient déjeuner.

Exercice 8

Indique la classe des pronoms en gras. Entoure ceux qui désignent celui qui parle ou celui qui écoute.

a. **Je** prends ta gomme car j'ai oublié **la mienne**.

....

b. **Tu** colories ta carte comme **moi**.

....

c. Ce crayon est cassé ; prends **celui-ci**.

....

d. Je **te** conseille ce film : **l'**as-tu vu ?

....

Brouillon

Corrigés des exercices

Exercice 1

La conjonction de coordination est l'intruse : c'est une classe de mots invariables, alors que les autres mots désignent des classes de mots variables.

Exercice 2

Le sujet est l'intrus : cette expression désigne une fonction, alors que les autres désignent des classes grammaticales.

Exercice 3

Classes de mots variables : **a.** ton, frère, est, serviable **b.** le, médecin, est venu, il, une, ordonnance **c.** ce, joueur, performant.
Classes de mots invariables : **a.** très **b.** et **c.** vraiment.

Exercice 4

L'étude, le clavier, la souris, le maître, le papier, le gouvernement, la jalousie, la démarche, l'habitude.

Exercice 5

Les noms : **a.** sœur, Noémie, vétérinaire **b.** cuisinier, collège, déjeuner **c.** nageurs.
Les adjectifs : **a.** petite **b.** extraordinaire **c.** prêts.

Exercice 6

a. Je **joue** (verbe), la **joue** (nom) **b.** Mon **souffle** (nom), **Souffle** (verbe) **c.** Le **dîner** (nom), Voulez-vous venir **dîner** (verbe) **d.** Je **danse** (verbe), une **danse** (nom) **e.** Le clown éclata de **rire** (nom), Ne me fais pas **rire** (verbe).

Exercice 7

Les déterminants : **a.** mon **b.** leur (ballon) **c.** Ma, la **d.** Ces **e.** un, cette **f.** Mon, sa **g.** Les.
Les pronoms : **a.** le tien **b.** Je, leur (ai demandé), ils, nous, le nôtre **c.** celle, j' **d.** je, vous, ceux-ci **e.** Je (deux fois), te, la **f.** nous **g.** ils.
On peut aussi relever *que*, qui est un pronom relatif non étudié dans la leçon.

Exercice 8

a. Je : pronom personnel, celui qui parle ; la mienne : pronom possessif
b. Tu : pronom personnel, celui qui écoute ; moi : pronom personnel, celui qui parle
c. celui-ci : pronom démonstratif
d. te : pronom personnel, celui qui écoute ; l' : pronom personnel.

Les constituants du groupe nominal

Je retiens le cours

1 Groupe nominal minimal et groupe nominal enrichi

▸ **Le groupe nominal minimal** comprend un nom et son déterminant.

Ex. : C'est **un film**. C'est **mon ami**.
Voici **le collège**. **Ce film** m'a plu.

▸ **Le groupe nominal enrichi** comprend des éléments qui peuvent être supprimés :

– un adjectif en fonction d'épithète ;

Ex. : C'est **un bon film**.

– un complément du nom ;

Ex. : C'est **un film d'aventures**.

– une subordonnée relative.

Ex. : C'est **un film qui te plaira**.

Notes

2 Les principaux déterminants

▸ **Les déterminants possessifs :** mon, ton, son, ma, ta, sa, mes, tes, ses, notre, votre, leur, nos, vos, leurs.

▸ **Les déterminants démonstratifs :** ce, cet, cette, ces.

▸ **Les articles définis :** le, la, les. *Ex. :* le livre.

→ **le** et **la** peuvent perdre leur voyelle. C'est l'article défini élidé **l'**.

Ex. : ~~la~~ école → **l'**école.

→ **le** et **les** peuvent se contracter au contact d'une préposition :

- **de + le → du ;**
- **de + les → des ;**

Ex. : le bord **du** (de le) chemin, le début **des** (de les) vacances.

- **à + le → au ;**
- **à + les → aux.**

Ex. : un pain **au** (à le) chocolat, un croissant **aux** (à les) amandes.

▸ **Les articles indéfinis :** un, une, des. *Ex. :* des histoires.

3 Les adjectifs

▶ L'adjectif précise une qualité ou une caractéristique du nom auquel il se rapporte et avec lequel il s'accorde.

▶ Quand il fait partie du groupe nominal, la fonction de l'adjectif est **épithète** du nom auquel il se rapporte.

Ex. : Je préfère les pommes bien rouges.
→ rouges : épithète du nom *pommes*.

4 Le complément du nom

Le complément du nom (CdN) apporte des précisions sur le nom auquel il se rapporte. Il est le plus souvent **introduit par une préposition** (à, de, en, par, pour, sur, sans, avec…).

Ex. : C'est une chemise [en] coton. C'est un recueil [de] contes.
(coton : CdN ; contes : CdN)

Je comprends comment faire

▶ Ne pas confondre les articles définis et les pronoms personnels

Ex. : le sport, la voile.
(le, la : déterminants *(articles définis)* placés devant un nom)

Ex. : Je la regarde.
(la : pronom personnel *(remplace un nom)*)

▶ Distinguer complément du nom et COI

Ex. : Il profite de ses vacances. → ses vacances = COI du verbe *profiter*.
Il nous fait le récit de ses vacances. → ses vacances = CdN *récit*.

▶ Repérer un adjectif et donner sa fonction

▶ Pour vérifier qu'un mot est un adjectif, regarde si tu peux mettre « quelque chose de » ou « quelqu'un de » devant.

Ex. : L'anémone de mer est un animal vivant. → quelque chose de vivant : *vivant* est un adjectif.
Cette fille est aimable. → quelqu'un d'aimable : *aimable* est un adjectif.

▶ Pour trouver la fonction d'un adjectif, regarde s'il fait partie d'un groupe nominal ou s'il est séparé du mot auquel il se rapporte par un verbe.

Ex. : C'est une histoire drôle. → *Drôle* appartient au GN *une histoire drôle* ; c'est donc un adjectif épithète du nom *histoire*.
Cette histoire est drôle. → *Drôle* est séparé de *histoire* par un verbe ; il est donc attribut du sujet *histoire*.

Notes

Corrigés p. 48

Brouillon

Je m'entraîne

Exercice 1

Barre les éléments qui peuvent être supprimés pour trouver le groupe nominal minimal. Souligne le nom qui est le noyau de ce groupe.

a. une bonne initiative de votre part

b. ce délicieux gâteau au chocolat et aux amandes

c. la dernière chanson de mon chanteur préféré

d. le petit chien joueur et affectueux de mes voisins

e. les vieux patins à glace de ma grand-mère

f. une histoire drôle très connue

Exercice 2

Mets les mots dans l'ordre pour constituer un groupe nominal enrichi. Souligne le nom noyau.

a. équipe / joueur / le / notre / meilleur / de

....

b. une / décisive / natation / compétition / de

....

c. conseil / les / municipal / décisions / du

....

d. mathématiques / un / de / petit / exercice

....

e. d' / excellent / un / policier / Agatha / Christie / roman

....

Brouillon

Exercice 3

Entoure les mots en gras quand ce sont des déterminants et justifie ta réponse.

a. Je lis **ce** journal puis je te **le** prête.

....

b. **L'**école de ma sœur est juste à côté : **la** connais-tu ?

....

c. Je **leur** ai demandé de me donner tous **leurs** bonbons.

....

Exercice 4

Souligne les déterminants possessifs et relie-les au nom qu'ils déterminent.

a. Le frère de Valentin est plus âgé que moi, mais sa sœur est plus jeune.

b. Mes affaires de classe sont bien rangées.

c. Il n'aime pas changer ses habitudes.

d. Vous verrez notre maison au bout de la rue à votre droite.

Exercice 5

Souligne les déterminants démonstratifs et relie-les au nom qu'ils déterminent.

a. Ce dictionnaire est neuf.

b. Cette école a été inaugurée en 2014.

c. Cette fois-ci, nous avons pensé à tout !

d. Celui qui découvrira ce secret pourra trouver le trésor.

Exercice 6

Associe chaque lettre à un chiffre en faisant correspondre chacun des déterminants indiqués en gras à sa classe grammaticale, son genre et son nombre.

Ex. : a. 3.

a. **Leurs** cheveux sont longs.

b. Nous avons acheté **des** pommes.

c. C'est le chant **des** hirondelles.

d. C'est le titre **du** livre.

1. article défini contracté pluriel
2. déterminant possessif masculin pluriel
3. article indéfini féminin pluriel
4. article défini contracté singulier

a. .... b. .... c. .... d. ....

Exercice 7

Donne la fonction des adjectifs en gras.

a. « La **grande** personne était bien **contente** de connaître un homme aussi **raisonnable**. »

Grande : ....

Contente : ....

Raisonnable : ....

b. « L'essentiel est **invisible** pour les yeux. »

Invisible : ....

c. Saint-Exupéry est un auteur **célèbre**.

Célèbre : ....

Brouillon

Corrigés des exercices

Exercice 1

a. une ~~bonne~~ initiative ~~de votre part~~
b. ce ~~délicieux~~ gâteau ~~au chocolat et aux amandes~~
c. la ~~dernière~~ chanson ~~de mon chanteur préféré~~
d. le ~~petit~~ chien ~~joueur et affectueux de mes voisins~~
e. les ~~vieux~~ patins ~~à glace de ma grand-mère~~
f. une histoire ~~drôle très connue~~.

Exercice 2

a. le meilleur joueur de notre équipe **b.** une compétition de natation décisive
c. les décisions du conseil municipal **d.** un petit exercice de mathématiques
e. un excellent roman policier d'Agatha Christie.

Exercice 3

a. « ce » est un déterminant qui accompagne le nom « journal » ; « le » est un pronom
b. « l' » est un déterminant qui accompagne le nom « école » ; « la » est un pronom
c. « leur » est un pronom ; « leurs » est un déterminant qui accompagne le nom « bonbons ».

Exercice 4

a. sa (sœur) **b.** Mes (affaires) **c.** ses (habitudes) **d.** notre (maison), votre (droite).

Exercice 5

a. Ce (dictionnaire) **b.** Cette (école) **c.** Cette …-ci (fois) **d.** ce (secret).
Attention, « celui » est un pronom.

Exercice 6

a. 2. ; **b.** 3. ; **c.** 1. (des = de + les) ; **d.** 4. (du = de + le)

Exercice 7

a. Grande : épithète du nom *personne* – contente : attribut du sujet *personne* – raisonnable : épithète du nom *homme*.
b. invisible : attribut du sujet *L'essentiel*.
c. célèbre : épithète du nom *auteur*.

SÉANCE DU ....

Les accords au sein du groupe nominal

Je retiens le cours

1 L'accord des déterminants

▶ Les déterminants s'accordent en **genre** (masculin/féminin) et en **nombre** (singulier/pluriel) avec le nom auquel ils se rapportent.

Ex. : **un collège, le collège, ce collège, mon collège → masculin singulier**
des collèges, les collèges, ces collèges, mes collèges → masculin pluriel

une proposition, la proposition, cette proposition, ma proposition → féminin singulier
des propositions, les propositions, ces propositions, mes propositions → féminin pluriel

▶ Devant un nom masculin singulier commençant par une voyelle ou un *h* muet, le déterminant démonstratif est *cet*.

Ex. : **cet arbre, cet habit.**

2 L'accord de l'adjectif

▶ L'adjectif s'accorde en **genre** (masculin/féminin) et en **nombre** (singulier/pluriel) avec le nom auquel il se rapporte.

Ex. : **le bon stylo → masculin singulier**
les bons stylos → masculin pluriel
la bonne idée → féminin singulier
les bonnes idées → féminin pluriel

▶ Attention ! L'adjectif n'est pas toujours placé juste à côté du nom auquel il se rapporte.

Ex. : **des gâteaux vraiment succulents**
→ l'adverbe *vraiment* est invariable.

Orthographe et grammaire

Notes

Je comprends comment faire

Notes

Mettre ou non un nom au pluriel

→ Le nom se met au **singulier** quand il ne désigne qu'un seul élément. Il se met au **pluriel** quand il désigne plusieurs éléments. La plupart du temps, le déterminant permet de savoir si le nom est au singulier ou au pluriel.

Ex. : **Ce mouton → un seul mouton ; mon frère → un seul frère ;**
mes frères → plusieurs frères.

→ Il arrive que le nom ne soit pas précédé d'un déterminant : il faut alors réfléchir au sens de l'expression.

Ex. : **une oreille de mouton → un seul mouton.**
un troupeau de moutons → plusieurs moutons.

Effectuer des accords en chaîne

Ex. : **J'aime beaucoup ces légendes passionnantes et pourtant si souvent racontées.**

① Je repère le déterminant *ces* : le nom est au pluriel → *légendes*.

② Je cherche les mots qui se rapportent à *légendes* (féminin pluriel) : des légendes comment ? → passionnantes (féminin pluriel) et racontées (féminin pluriel).

Ne pas confondre les déterminants et les pronoms

Le, la, les, l', placés devant un verbe ne sont pas des déterminants mais des pronoms. Ils ne commandent pas la terminaison du verbe.

Ex. :
- **Le livre → *le* est un déterminant.**
  Tu le (= le livre) lis → *le* est un pronom ;
  le verbe s'accorde avec le sujet *tu*.
- **Les livres → *les* est un déterminant.**
  Je les (= les livres) lis → *les* est un pronom ;
  le verbe s'accorde avec le sujet *je*.

Corrigés p. 54

Je m'entraîne

Exercice 1

Complète les phrases avec cet ou cette.

a. .... personne vous attend.

b. Connaissez-vous le nom savant de .... escargot ?

c. .... poupée parle et marche toute seule.

d. .... exercice porte sur les déterminants.

e. Je vous conseille .... potion magique.

f. .... histoire est très amusante.

g. .... arbuste ne perd pas ses feuilles en hiver.

Exercice 2

Barre les déterminants qui ne conviennent pas.

a. J'ai oublié (mon – ma) trousse, (mon – ma) livre de maths et (mon – ma) écharpe !

b. Est-ce que tu as vu (ton – ta) erreur ?

c. Sur (son – sa) île déserte, le naufragé aperçoit (un – une) voile à (le – la – l') horizon.

d. J'aimerais bien essayer (ce – cet) nouvel ordinateur.

e. (Ton – Ta) idée est excellente !

f. Tu n'as pas encore (le – la – l') habitude de (ce – cet) genre de projet.

g. Connaissez-vous (le, l') héros de (ce, cet, cette) célèbre épopée ?

Brouillon

Brouillon

Exercice 3

Barre l'adjectif en rouge qui ne convient pas.

a. Sa cousine parle avec un accent **anglais/anglaise**.

b. Boris a vécu dans la banlieue **lyonnais/lyonnaise**.

c. Il existe de **nombreux/nombreuses** possibilités mais une **seul/seule** réponse **exact/exacte**.

d. Cette histoire **bref/brève** et **mystérieux/mystérieuse** est vraiment **original/originale** ; les dernières pages sont **étonnants/étonnantes**.

Exercice 4

Barre les trois adjectifs mal accordés puis réécris correctement les groupes nominaux.

a. une délicieuse odeur de chocolat

....

b. un très bonne anniversaire

....

c. ces chaussures de sport très usés

....

d. un pompier courageux

....

e. une victoire spectaculaire

....

f. des compétitions départementale

....

Brouillon

Exercice 5

Accorde les adjectifs ou les participes passés entre parenthèses dans les phrases suivantes. Certaines sont extraites du livre d'Antoine de Saint-Exupéry, *Le Petit Prince* (Gallimard, 1943).

a. Le Petit Prince habite une toute *(petit)* .... planète.

b. Le Petit Prince voyage et découvre des planètes très *(différent)* .... les unes des autres.

c. « Que les volcans soient *(éteint)* .... ou *(éveillé)* ...., ça revient au même pour nous autres, dit le géographe. »

d. « Les géographies, dit le géographe, sont les livres les plus *(précieux)* .... de tous les livres. »

e. « Nous écrivons des choses *(éternel)* .... »

f. « Tous ces travaux *(familier)* .... lui parurent, ce matin-là, extrêmement *(doux)* .... »

Exercice 6

Complète si nécessaire la terminaison des noms.

a. une paire de gant......

b. le premier jour de l'hiver......

c. un groupe de collégien......

d. un délégué de classe......

e. un trousseau de clé......

f. un recueil de conte......

g. un tas de caillou......

h. un roman d'amour......

Corrigés des exercices

Exercice 1

a. Cette **b.** cet **c.** Cette **d.** Cet **e.** cette **f.** cette **g.** cet.

Exercice 2

Les déterminants justes sont : **a.** ma, mon, mon **b.** ton **c.** son, une, l' **d.** ce **e.** Ton **f.** l', ce **g.** le, cette.

Exercice 3

Les adjectifs justes sont : **a.** anglais **b.** lyonnaise **c.** nombreuses, seule, exacte **d.** brève, mystérieuse, originale, étonnantes.

Exercice 4

b. un très **bon** anniversaire **c.** ces chaussures de sport très **usées**
d. des compétitions **départementales**.

Exercice 5

a. petite **b.** différentes **c.** éteints, éveillés **d.** précieux **e.** éternelles
f. familiers, doux.

Exercice 6

a. une paire de gants **c.** un groupe de collégiens **e.** un trousseau de clés
f. un recueil de contes **g.** un tas de cailloux.

Le sujet et l'attribut du sujet

Je retiens le cours

1 Le sujet

Définition

→ Le **sujet** est, le plus souvent, l'élément qui effectue l'action exprimée par le verbe. On ne peut pas le supprimer : c'est une fonction essentielle.

Ex. : **Laura et Jules jouent au tennis.**
sujet

→ Le sujet commande la terminaison du verbe.

Ex. : **tu joues, ils jouent.**

→ Le sujet est principalement :

– un nom ou un groupe nominal ;

Ex. : **Le petit chat dort dans son panier.**

– un pronom ;

Ex. : **Elle joue de la flûte à bec.**

– un verbe à l'infinitif ou un groupe infinitif.

Ex. : **Relire est utile.**

La place du sujet

→ Le sujet est le plus souvent placé **avant le verbe**.

→ Dans certains cas, le sujet est **inversé**.

Ex. : **Quand vient-il nous voir ? → il : sujet inversé.**

2 L'attribut du sujet

L'attribut du sujet se rapporte au sujet par l'intermédiaire d'un verbe.

Ex. : **La nuit, tous les chats sont gris. → *gris* caractérise *tous les chats*.**
sujet — attribut du sujet

Notes

▸ L'attribut du sujet est principalement :
– un nom ; *Ex. :* **Son père est médecin.**
– un pronom ; *Ex. :* **Cette idée géniale est la mienne.**
– un adjectif ; *Ex. :* **En automne, les nuits sont froides.**
– un participe passé. *Ex. :* **Baptiste nous semble fatigué.**

Je comprends comment faire

▸ Bien repérer le sujet

Il faut trouver l'élément qui répond à la question :
« **Qui est-ce qui ?** » posée à partir du verbe.

Ex. : **Le vent chasse les nuages.**
Qui est-ce qui chasse les nuages ?
Réponse : **le vent (sujet du verbe *chasser*).**

▸ Éviter les pièges

→ Le sujet n'est pas nécessairement placé juste à côté du verbe.

Ex. : **Notre chat, que nous avions perdu, a été retrouvé.**
Qui est-ce qui a été retrouvé ?
Réponse : **notre chat (sujet du verbe *retrouver*).**

→ Le sujet peut être inversé.

Ex. : **Quand parut l'aube, Ulysse décida de reprendre son voyage.**
↑ sujet inversé du verbe *paraître*

▸ Repérer un attribut du sujet

L'attribut se construit avec un verbe attributif. Le verbe *être* et les **verbes d'état** (*paraître, sembler, devenir, rester, demeurer…*) sont les principaux verbes attributifs.

Ex. : **La chenille** (sujet) **deviendra** (verbe attributif) ***papillon.*** (attribut du sujet)

▸ Ne pas confondre l'attribut du sujet et le COD

Ex. : **Les chats chassent les souris. (*les chats ≠ les souris*)**
→ Le COD subit l'action exprimée par le verbe.
Tous les chats sont gris. (*les chats = gris*)
→ L'attribut du sujet exprime une caractéristique du sujet.

Notes

Corrigés p. 60

Brouillon

Je m'entraîne

Exercice 1

Souligne le sujet des verbes en gras.

Dans *Les contes de ma mère l'Oye* de Charles Perrault, beaucoup de personnages **se ressemblent**. Ainsi, Cendrillon est belle et bonne ; la Belle au bois dormant est aussi pourvue de toutes les qualités possibles. À la fin des deux contes, les deux jeunes filles **sont récompensées** : elles **épousent** toutes les deux un prince charmant. Sans doute **peut**-on ajouter que Peau d'âne ressemble également à ces jeunes filles. Pourquoi, en effet, épouse-t-elle un prince à la fin du conte ? Elle **se marie** magnifiquement parce qu'elle **doit** être récompensée, comme Cendrillon, de sa gentillesse et de sa patience.

Exercice 2

Remplace les sujets des verbes en rouge par le pronom personnel qui convient.

a. La Cigale et la Fourmi **sont** deux personnages d'une fable de La Fontaine. → ....

b. Le Loup, l'Agneau, le Lièvre, la Tortue **participent** aussi aux fables de La Fontaine. → ....

c. Pierre et toi **devez** aller voir le professeur de français.

→ ....

d. Sophie, Thomas et moi **désirons** chanter dans une chorale.

→ ....

Brouillon

Exercice 3

Réécris les phrases suivantes en inversant le sujet.

a. Le directeur cria : « Vite, vite ! Plus vite ! »

....

b. Tu ne veux pas aller te promener avec nous ?

....

c. Il est peut-être retenu par le directeur.

....

d. Vous venez avec nous à la piscine ?

....

e. Qu'est-ce que tu fais dans ma chambre ?

....

Exercice 4

Dans les phrases suivantes, souligne les attributs du sujet et indique à chaque fois le sujet auquel ils se rapportent.

Ex. : **Marion est malade.**
→ Attribut du sujet *Marion*.

a. Le cheval que tu vas monter est un magnifique pur-sang.

→ ....

b. Ce château passe pour hanté depuis des générations.

→ ....

c. Si tu ne fais pas d'efforts, tu resteras un élève médiocre.

→ ....

d. L'été fut particulièrement chaud et sec cette année-là.

→ ....

Brouillon

Exercice 5

Remplace l'attribut du sujet en gras par un pronom personnel.

a. Tu parais **heureux.** → ....

b. Elle paraît **heureuse.** → ....

c. Ils paraissent **heureux.** → ....

Exercice 6

Dans ces couples de phrases, surligne l'attribut du sujet.

a. Thomas appelle le médecin. Thomas est médecin.

b. Le soleil paraît à l'horizon. Tu parais fatigué.

c. Ce luthier est très doué. Je connais un luthier très doué.

Exercice 7

Associe les mots en gras dans les phrases suivantes (lettres) à leur fonction (chiffres).

Ex. : a. 3.

a. Alors parut **le prince charmant**.

b. Le prince paraît **heureux**.

c. Il reste **enthousiaste** malgré tout.

d. La princesse s'appelle **Marine**.

1. attribut du sujet *il*
2. attribut du sujet *La princesse*
3. sujet du verbe *paraître*
4. attribut du sujet *Le prince*

a. .... b. .... c. .... d. ....

Corrigés des exercices

Exercice 1

se ressemblent : beaucoup de personnages sont récompensées : les deux jeunes filles épousent : elles peut : on se marie : elle doit : elle.

Exercice 2

a. Elles **b.** Ils **c.** Vous **d.** Nous.

Exercice 3

a. « Vite, vite ! Plus vite ! » cria le directeur.
b. Ne veux-tu pas aller te promener avec nous ?
c. Peut-être est-il retenu par le directeur ?
d. Venez-vous avec nous à la piscine ?
e. Que fais-tu dans ma chambre ?

Exercice 4

a. un magnifique pur-sang : attribut du sujet *le cheval que tu vas monter*
b. hanté : attribut du sujet *Ce château*
c. un élève médiocre : attribut du sujet *tu*
d. chaud et sec : attribut du sujet *l'été*.

Exercice 5

a. Tu le parais. **b.** Elle le paraît. **c.** Ils le paraissent.
Le pronom est « le » quels que soient le genre et le nombre de l'attribut du sujet.

Exercice 6

a. Thomas est **médecin**. **b.** Tu parais **fatigué**. **c.** Ce luthier est **très doué**.

Exercice 7

a. 3 **b.** 4 **c.** 1 **d.** 2.

L'accord du verbe avec son sujet

Je retiens le cours

1 Le verbe s'accorde avec son sujet

▶ La terminaison du verbe est commandée par le sujet. Le sujet est principalement un nom, un groupe nominal, un pronom ou un verbe à l'infinitif.

Ex. : **Les élèves** (GN) **disputent un match ; ils** (pronom) **espèrent tous gagner.**

▶ Quand le sujet est un groupe nominal, le verbe s'accorde avec le noyau du groupe.

Ex. : **Les élèves qui se sont entraînés au collège disputent un match.**
→ Le sujet est *les élèves qui se sont entraînés au collège* et le verbe s'accorde avec le noyau qui est *les élèves*.

2 La place du sujet

▶ Le sujet est le plus souvent placé juste avant le verbe ; mais le nom noyau peut être éloigné.

Ex. : **Ces animaux qui sont nés au zoo ne connaissent pas leur pays d'origine.**

▶ Le sujet peut être placé après le verbe : on parle alors de **sujet inversé**.

Ex. : **Pourquoi voulez-vous vous inscrire ?**
Alors éclata un orage.

3 Quelques accords particuliers

▶ Quand le verbe a plusieurs sujets au singulier, le verbe se met au pluriel.

Ex. : **Ce bleu et ce rose s'accordent bien.**

▶ Lorsque le sujet est *la foule ou le monde*, le verbe est au singulier.

Ex. : **La foule est innombrable. Tout le monde est là.**

Notes

Notes

▸ Le verbe se met au pluriel quand le sujet est *la plupart, beaucoup, plusieurs, certains*...

Ex. : Certains ne connaissent pas ce film mais la plupart l'ont vu.

▸ Quand le sujet est un infinitif, le verbe est toujours au singulier.

Ex. : Participer à toutes les activités est l'essentiel.

▸ Tu dois aussi faire attention à la personne du sujet.

Ex. : Léa et moi (= nous) allons à la piscine.
Luc et toi (= vous) allez à la piscine.
Toi et moi (= nous) allons à la piscine.

Je comprends comment faire

▸ Repérer le sujet

Pour trouver le sujet d'un verbe, on pose la question « Qui est-ce qui ? » suivie du verbe.

Ex. : Notre cathédrale que visitent de nombreux touristes est un joyau de l'art gothique.
Qui est-ce qui visitent ? Les touristes → verbe au pluriel.
Qui est-ce qui est ? Notre cathédrale → verbe au singulier.

▸ Faire attention au pronom qui précède le verbe

Le pronom qui précède le verbe n'est pas toujours son sujet.

Ex. : Nous vous admirons ; vous nous admirez ; je les admire.
→ Les pronoms en vert ne sont pas les sujets des verbes.
Mes amis chantent ; je les écoute. → *les* est un pronom complément.

▸ Repérer le noyau du groupe sujet

Le groupe sujet est parfois long et il faut bien repérer le nom noyau avec lequel le verbe s'accorde.

Ex. : L'équipe des trois élèves qui ont présenté un spectacle de danse remporte le concours.
Qui est-ce qui remporte le concours ? L'équipe → verbe au singulier.

Corrigés p. 66

Brouillon

Je m'entraîne

Exercice 1

Complète les phrases avec le pronom personnel qui convient. Il peut y avoir plusieurs possibilités.

a. .... relis ton devoir.

b. .... se promène sur la plage.

c. Pourquoi courez- .... ainsi ?

d. .... vous proposons une sortie à la patinoire.

e. .... me lève de bonne heure.

f. Quand rentrent-.......................... du cinéma ?

Exercice 2

Réécris les phrases suivantes en mettant au pluriel les mots en gras. N'oublie pas de faire les accords nécessaires.

a. **Cet élève** du conservatoire interprète au piano une valse de Chopin. ....

....

b. Quand arrivera **notre invité**, tâchez d'être présentables.

....

....

c. **La compétition** de cet après-midi est reportée en raison du mauvais temps. ....

....

d. **Le faucon** peut être utilisé pour chasser.

....

Brouillo

Exercice 3

Relie chaque sujet au verbe qui lui correspond.

sujets	*verbes*
a. La grenouille •	• 1. descend.
b. Le chameau •	• 2. croassent.
c. Nous •	• 3. blatère.
d. Les corbeaux •	• 4. coasse.
e. La mer •	• 5. joues.
f. Tu •	• 6. nageons.

Exercice 4

Mets les verbes entre parenthèses au présent après avoir souligné le noyau du groupe nominal sujet.

a. *(proposer)* Le délégué des 6e4 .... un dîner.

b. *(tourner)* Les poissons rouges de ma tante .... en rond dans leur bocal.

c. *(impressionner)* La rapidité des autruches nous ....

d. *(sembler)* L'écran des derniers ordinateurs me .... plus agréable.

e. *(poser)* L'accord des verbes ne me .... plus de problème.

f. *(s'avancer)* Un troupeau de chèvres .... sur la route.

g. *(fasciner)* Les joyaux de la couronne .... les visiteurs.

Brouillon

Exercice 5

Barre le verbe en rouge qui ne convient pas et souligne le sujet.

a. À l'horizon commence/commencent à apparaître un navire.

b. Voici mes ciseaux, je te les prête/prêtes/prêtent.

c. Une foule se précipite/précipitent vers la sortie.

d. Un groupe de badauds se forme/forment sur le marché.

e. Le public découvre/découvrent les comédiens et les admire/admires/admirent.

f. Nous vous proposons/proposez de visiter notre exposition.

g. Quand allez/allons-vous nous montrer votre soucoupe volante ?

Exercice 6

Réécris les phrases en mettant au pluriel le mot en gras et en effectuant les modifications nécessaires.

a. Cet **enfant** se promène la nuit en dormant.

....

b. Ma **recette** de cuisine nous demande de séparer les blancs des jaunes. ....

....

c. **Je** dévore tous les romans policiers !

....

d. Je pleure dès que commence ce **film** triste !

....

Corrigés des exercices

Exercice 1

a. Je/tu relis ton devoir. **b.** Il/elle/on se promène sur la plage.
c. Pourquoi courez-vous ainsi ? **d.** Nous vous proposons une sortie à la patinoire.
e. Je me lève de bonne heure. **f.** Quand rentrent-ils/elles du cinéma ?

Exercice 2

a. Ces élèves du conservatoire interprètent au piano une valse de Chopin.
b. Quand arriveront nos invités, tâchez d'être présentables.
c. Les compétitions de cet après-midi sont reportées en raison du mauvais temps.
d. Les faucons peuvent être utilisés pour chasser.

Exercice 3

a. 4 **b.** 3 **c.** 6 **d.** 2 **e.** 1 **f.** 5.

Exercice 4

a. Le <u>délégué</u> des 6^{e}4 propose un dîner.
b. Les <u>poissons</u> rouges de ma tante tournent en rond dans leur bocal.
c. La <u>rapidité</u> des autruches nous impressionne.
d. L'<u>écran</u> des derniers ordinateurs me semble plus agréable.
e. L'<u>accord</u> des verbes ne me pose plus de problème.
f. Un <u>troupeau</u> de chèvres s'avance sur la route.
g. Les <u>joyaux</u> de la couronne fascinent les visiteurs.

Exercice 5

a. commence : <u>un navire</u> **b.** prête : <u>je</u> **c.** se précipite : <u>une foule</u>
d. se forme : <u>un groupe</u> **e.** découvre, admire : <u>le public</u> **f.** proposons : <u>nous</u>
g. allez : <u>vous</u>.

Exercice 6

a. Ces enfants se promènent la nuit en dormant.
b. Mes recettes de cuisine nous demandent de séparer les blancs des jaunes.
c. Nous dévorons tous les romans policiers !
d. Je pleure dès que commencent ces films tristes !

L'accord de l'attribut et du participe passé (avec *être*)

Je retiens le cours

1 L'accord de l'attribut du sujet

▶ **L'attribut du sujet se rapporte au sujet.** Il s'accorde en genre (masculin/féminin) et en nombre (singulier/pluriel) avec le sujet.

Ex. : **Léa est contente. → féminin singulier**
Pierre et Léa sont contents. → masculin pluriel (le masculin l'emporte sur le féminin)

▶ L'attribut du sujet est souvent un groupe nominal ou un groupe adjectival. Seuls le nom noyau et l'adjectif noyau s'accordent avec le sujet.

Ex. : **Pierre et Léa sont nos délégués de classe.**
Léa et Jeanne sont contentes de leur journée.

▶ Le mot ou le groupe de mots qui suit un verbe d'état **n'est pas toujours un attribut du sujet.**

Ex. : **Ce soir nous restons à la maison. → *à la maison* ne se rapporte pas au sujet ; c'est un complément de phrase (CC de lieu).**

▶ **L'attribut du sujet est relié au sujet par un verbe attributif.**

• Les verbes d'état sont des verbes attributifs : *être*, *sembler*, *devenir*, *demeurer*, *rester*, *paraître*.

Ex. : **Vous semblez tristes.**

• Certaines locutions verbales sont attributives : *passer pour*, *être considéré comme*, *avoir l'air*.

Ex. : **Nicolas a l'air rêveur.**

• Certains verbes peuvent être occasionnellement des verbes d'état : *revenir*, *rentrer*, *tomber.*

Ex. : **Les élèves de 6^{e}4 sont rentrés très heureux de leur sortie.**

Notes

2 L'accord du participe passé employé avec l'auxiliaire *être*

▸ **Employé avec l'auxiliaire *être*, le participe passé s'accorde en genre et en nombre avec le sujet** de la même manière qu'un adjectif attribut.

Ex. : Tom est rentré. Léa est rentrée. Tom et Léa sont rentrés.
Léa et Marie sont rentrées.

Méthode : pour trouver le sujet avec lequel s'accorde le participe passé employé avec *être*, on pose la question « *Qui est-ce qui est* + participe passé du verbe à accorder ? »

Ex. : Qui est-ce qui est rentré ? Tom et Léa → rentrés
Léa et Marie → rentrées

▸ **Quand il est employé avec l'auxiliaire *avoir*, le participe passé ne s'accorde pas avec le sujet.**

Ex. : Léa a fini son travail. Tom et Léa ont fini leur travail.

Je comprends comment faire

▸ Repérer un verbe attributif

Un verbe attributif peut être remplacé par le verbe *être*.

Ex. : Caroline a été élue (est) déléguée → Le verbe est attributif ; *déléguée* se rapporte à *Caroline*. C'est un attribut du sujet et il s'accorde avec le sujet : déléguée.

Caroline écoute (~~est~~) une chanson → Le verbe n'est pas attributif ; il ne peut pas introduire un attribut du sujet.

▸ Ne pas confondre l'attribut avec un autre complément

L'attribut, parce qu'il se rapporte au sujet, n'introduit pas une nouvelle personne ou un nouvel élément dans la phrase.

Ex. : Julie appelle (~~est~~) le médecin. *Julie* et *le médecin* sont deux personnes distinctes. → *le médecin* : COD du verbe *appeler*.

Julie sera médecin. *Julie* et le *médecin* sont une même personne. → *médecin* : attribut du sujet *Julie*.

Notes

Corrigés p. 72

Brouillon

Je m'entraîne

Exercice 1

Complète les phrases à l'aide des adjectifs ci-dessous.

content – contente – contents – contentes

a. Jérémie est ....

b. Nous sommes ....

c. Victoire est ....

d. Ève et Pauline sont ....

Exercice 2

Complète les phrases à l'aide des participes passés ci-dessous.

exténué – exténuée – exténués – exténuées

a. Alexis est ....

b. Les nageuses sont ....

c. Les joueurs semblent ....

d. Esther paraît ....

Exercice 3

Remplace les verbes en gras par le verbe *être* quand c'est possible. Surligne les attributs du sujet.

a. Mona **est tombée** malade. ....

b. Tes frères **paraissent** très jeunes. ....

c. Nous **répétons** notre spectacle. ....

d. Vous **deviendrez** de grands sportifs. ....

e. Lucas **joue** de la guitare. ....

Exercice 4

Complète les terminaisons des attributs du sujet si nécessaire. Souligne les sujets avec lesquels ils s'accordent.

a. Les chiens demeurent immobile.......... et obéissant..........

quand leur maître élève la voix.

b. Lucas est très content.......... d'aller à Londres.

c. Adrien et Maeva semblent prêt.......... à remporter la victoire !

d. Ces boîtes en carton sont bien inutile.......... .

e. Les professeurs de notre classe semblent très sévère.......... .

Exercice 5

Complète les terminaisons si nécessaire. Attention ! ces mots ne sont pas tous des attributs.

a. Nos voisins passent pour d'excellent........ acrobate........ .

b. Ces journaux paraissent chaque semaine........ .

c. Ces fleurs me semblent presque fané........ .

d. Mes cousines ont longtemps vécu seul........ .

e. Nous demeurons 5 rue........ Victor Hugo.

Exercice 6

Complète les terminaisons si nécessaire.

a. Notre classe est allé........ au Louvre.

b. Les comédiens sont entré........ en scène.

c. Morgane a perdu........ ses clés.

d. Mes cousins sont monté........ en haut du mont Blanc.

e. Les clés étaient resté........ au CDI.

Exercice 7

Mets les mots dans l'ordre pour constituer une phrase et effectue les accords.

a. très / les / rapide / jaguars / sont

....

b. violoniste / tard / nous / serons / plus

....

c. sont / les / sorti / élèves / de / déjà / 6^{e}2

....

d. fatigué / paraissent / joueurs / les

....

Exercice 8

Barre et corrige les huit mots mal orthographiés.

a. Ces filles sont très sportive. Elles se lèvent de bonnes heures pour s'entraîner.

....

b. Théo et toi semblez séduit par cette aventure. Êtes-vous prêt à partir ?

....

c. Elles sont volontaire et bien décidé à vous accompagner ; êtes-vous d'accord ?

....

d. Les danseuses restent debout sur la pointe des pieds et semblent si gracieuse.

....

Brouillon

Corrigés des exercices

Exercice 1

a. Jérémie est content. **b.** Nous sommes contents. **c.** Victoire est contente.
d. Ève et Pauline sont contentes.

Exercice 2

a. Alexis est exténué.
b. Les nageuses sont exténuées.
c. Les joueurs semblent exténués.
d. Esther paraît exténuée.

Exercice 3

a. Mona est malade ; malade : attribut du sujet
b. Tes frères sont très jeunes ; jeunes : attribut du sujet
d. Vous êtes de grands sportifs ; de grands sportifs : attribut du sujet.

Exercice 4

a. Les chiens demeurent immobiles et obéissants quand leur maître élève la voix.
b. Lucas est très content d'aller à Londres.
c. Adrien et Maeva semblent prêts à remporter la victoire !
d. Ces boîtes en carton sont bien inutiles.
e. Les professeurs de notre classe semblent très sévères.

Exercice 5

a. d'excellents acrobates (attribut du sujet *Nos voisins* : accord).
c. fanées (attribut du sujet *Ces fleurs* : accord).
d. seules (attribut du sujet *Mes cousines* : accord).

Exercice 6

a. allée (classe) **b.** entrés (les comédiens) **d.** montés (Mes cousins)
e. restées (Les clés).

Exercice 7

a. Les jaguars sont très rapides.
b. Plus tard, nous serons violonistes. / Nous serons violonistes plus tard.
c. Les élèves de 6^{e}2 sont déjà sortis.
d. Les joueurs paraissent fatigués.

Exercice 8

a. sportives, de bonne heure **b.** séduits, prêts. **c.** volontaire**s**, décidé**es**
d. gracieuse**s**.

Le COD et le COI

Je retiens le cours

1 Les différents compléments d'objet

Le complément du verbe est, dans la phrase, l'élément sur lequel porte l'action exprimée par le verbe.

Il existe deux sortes de compléments du verbe :

- **Le COD** (complément d'objet direct) se rattache directement au verbe ; il n'est pas introduit par une préposition.

Ex. : **Le capitaine Nemo dirige le Nautilus.**
(le Nautilus : COD de *diriger*)

- **Le COI** (complément d'objet indirect) ne se rattache pas directement au verbe ; il est introduit par une **préposition**.

Ex. : **Le capitaine Nemo parle de son sous-marin.**
(de son sous-marin : COI de *parler*)

- Certains verbes, comme *donner*, *offrir*, *raconter*, peuvent avoir en même temps un COD et un COI.

Ex. : **Le capitaine Nemo donne un ordre à l'équipage.**
(un ordre : COD ; à l'équipage : COI)

Notes

2 Classe grammaticale du COD et du COI

Le COD et le COI sont le plus souvent :

– un nom ou un groupe nominal ;

Ex. : **Il mange des cerises. Je participe à une compétition de judo.**

– un pronom ;

Ex. : **Jules est arrivé hier ; je l'ai vu. Il pense à vous.**

– un verbe à l'infinitif.

Ex. : **Il veut réussir. Tu continues à dormir malgré mes ronflements.**

Je comprends comment faire

Repérer un COD

Pour trouver un COD, on pose la question *sujet* + *verbe* + *qui/quoi* ?

Ex. : **Nemo dirige le Nautilus.**
Nemo dirige quoi ? → Le Nautilus (COD du verbe *diriger*).

Repérer un COI

Pour trouver un COI, on pose la question *sujet* + *verbe* + *à qui/à quoi/de qui/de quoi* ?

Ex. : **Nemo parle de son sous-marin.**
Nemo parle de quoi ? → De son sous-marin (COI du verbe *parler*).

Faire attention aux pronoms

Lorsque le complément du verbe est un pronom, il est placé devant le verbe. Même si c'est un COI, il n'est pas introduit par une proposition.

Ex. : **Le capitaine le donne. (*l'ordre*) → le : COD du verbe *donner*.**
Le capitaine lui donne un ordre. (*à l'équipage*) → lui : COI du verbe *donner*.

Ne pas confondre le COD et une autre fonction

- Le COD et le sujet inversé.

Ex. : **À ce moment-là surgit un loup *(sujet inversé)*. L'agneau regarde le loup *(COD)*.**

- Le COD et l'attribut du sujet.

Ex. : **Cet animal est un loup *(attribut du sujet)*. J'observe un loup *(COD)*.**

- Le COD et un complément circonstanciel.

Ex. : **Je dors la nuit *(CCT)*. Je crains la nuit *(COD)*.**

Notes

Corrigés p. 78

Brouillon

Je m'entraîne

Exercice 1

Dans les phrases suivantes, souligne le sujet et surligne le COD.

a. Marina a dévoré toute la tarte aux fraises !

b. Ce matin, le jardinier a taillé les rosiers.

c. Le vétérinaire examine le lapin de Théo.

d. La tempête a fait des dégâts sur les côtes.

Exercice 2

Dans les phrases suivantes, encadre les verbes conjugués et souligne leur complément d'objet s'ils en ont un.

a. Nicolas observe les oiseaux avec ses jumelles.

b. Le fauve en colère rugit dans la savane.

c. Le chameau porte vaillamment une très lourde charge.

Exercice 3

Remplace le COD en rouge par le pronom personnel qui convient.

a. Le bébé boit avec avidité **son biberon**.

....

b. Valentin dessine **des dinosaures**.

....

c. Nos voisins tondent **la pelouse**.

....

Brouillon

Exercice 4

Dans les phrases suivantes, souligne le COD du verbe en rouge et donne sa classe grammaticale.

a. Je voudrais que tu me **rapportes** une baguette.

....

b. J'ai oublié mon compas. **Prête**-moi le tien.

....

c. Maxime **veut** préparer le dîner tout seul.

....

Exercice 5

Pour donner la fonction des mots en gras dans les phrases suivantes, complète le tableau ci-dessous.

a. **Mamie** se repose.

b. Pierre joue **au ballon**.

c. Nous regardons **un film**.

d. Quand arrivent **nos cousins** ?

e. Il participe à **la compétition**.

f. Sans doute dort-**il** encore.

g. Son fils **lui** a succédé.

a. sujet	....	se reposer
b.	du verbe	....
c.	du verbe	....
d.	....	arriver
e.	du verbe	....
f.	du verbe	....
g.	....	succéder

Brouillon

Exercice 6

Indique et présente la fonction des mots soulignés comme dans l'exemple.

Ex. : **Je donne un gâteau au bébé.**

Je donne → **quoi ? un gâteau = COD**
→ **à qui ? au bébé = COI**

a. Tu demandes conseil à Jeanne.

....

....

b. Elle me raconte une histoire vraie.

....

....

c. Ce disque, je le lui emprunte.

....

....

Exercice 7

Indique si les mots ou groupes de mots en gras sont sujet, attribut du sujet ou COD.

a. Noémie a perdu **son match** mais elle reste **une grande championne**.

Son match : ....

Une grande championne : ....

b. Resterez-**vous** en France ? Apprenez-vous **le français** ?

Vous : ....

Le français : ....

Corrigés des exercices

Exercice 1

a. Marina (sujet) a dévoré toute la tarte aux fraises (COD) !
b. Ce matin, le jardinier (sujet) a taillé les rosiers (COD).
c. Le vétérinaire (sujet) examine le lapin de Théo (COD).
d. La tempête (sujet) a fait des dégâts (COD) sur les côtes.

Exercice 2

a. observe (COD : les oiseaux) **b.** rugit (pas de COD)
c. porte (COD : une très lourde charge).

Exercice 3

a. Le bébé le boit avec avidité. **b.** Valentin les dessine. **c.** Nos voisins la tondent.

Exercice 4

a. une baguette : groupe nominal **b.** le tien : pronom
c. préparer le dîner tout seul : groupe infinitif.

Exercice 5

a. sujet du verbe *se reposer* ;
b. COI du verbe *jouer* ;
c. COD du verbe *regarder* ;
d. sujet inversé du verbe *arriver* ;
e. COI du verbe *participer* ;
f. sujet inversé du verbe *dormir* ;
g. COI du verbe *succéder*.

Exercice 6

a. Tu demandes quoi ? conseil = COD ; à qui ? à Jeanne = COI
b. Elle raconte quoi ? une histoire vraie = COD ; à qui ? me = COI
c. J'emprunte quoi ? le = COD ; à qui ? lui = COI.

Exercice 7

a. Son match : COD du verbe *perdre* ; une grande championne : attribut du sujet *elle* **b.** Vous : sujet du verbe *rester* ; le français : COD du verbe *apprendre*.

Les compléments circonstanciels

Je retiens le cours

1 Définition

▶ Le complément circonstanciel apporte des précisions concernant les circonstances dans lesquelles a lieu l'action exprimée par le verbe.

▶ Le complément de phrase n'a pas de place particulière. Il peut être **déplacé** et **supprimé** : on obtient alors la **phrase minimale**.

Ex. : **Chaque soir, Mathieu fait ses devoirs dans sa chambre.**

complément de phrase — phrase minimale — complément de phrase

2 Les différents compléments circonstanciels

Il existe des compléments circonstanciels de lieu, de temps, de moyen, de manière, de cause…

▶ **Le CCL** (complément circonstanciel de lieu) peut indiquer : le lieu où se déroule l'action, la direction, l'origine, le lieu que l'on traverse…

▶ **Le CCT** (complément circonstanciel de temps) peut indiquer : un moment précis, une durée, une fréquence…

▶ **Le CC de cause** désigne la cause, ou le prétexte, de l'action exprimée par le verbe.

Ex. : **En raison de la pluie, la randonnée est annulée.**

▶ **Le CC de moyen** désigne l'instrument grâce auquel s'effectue l'action exprimée par le verbe.

Ex. : **Catherine écrit avec son nouveau stylo.**

▶ **Le CC de manière** caractérise la manière dont s'effectue l'action ; il ne peut pas désigner un objet.

Ex. : **Catherine écrit avec application.**

Notes

Notes

Je comprends comment faire

Ne pas confondre le complément circonstanciel avec le COD ou le COI

Le COD et le COI ne peuvent pas être supprimés alors que le complément circonstanciel peut être supprimé sans gêner la compréhension de la phrase.

Ex. : Au printemps, les arbres se couvrent de feuilles.
→ Au printemps peut être supprimé : c'est un complément circonstanciel (CCT).

J'aime le printemps.
→ le printemps ne peut pas être supprimé, parce que l'on ne comprendrait plus le sens de la phrase : c'est un COD.

Reconnaître les compléments circonstanciels

Pour identifier les différents compléments circonstanciels, il est possible de poser des questions :

- **lieu :** où ?, par où ?, vers où ?
- **temps :** quand ?, pendant combien de temps ?, depuis quand ?
- **cause :** pourquoi ?, pour quelle raison ?
- **moyen :** par quel moyen ?, grâce à quoi ?
- **manière :** comment ?, de quelle manière ?

Distinguer le CC de manière et le CC de moyen

Le CC (complément circonstanciel) de moyen et le CC de manière se ressemblent souvent car ils répondent tous deux à la question « comment ? ». Pour les distinguer, on se rappellera que le **CC de moyen désigne un instrument**.

Ex. : Il marche lentement. → CC de manière.
Il marche avec une canne. → CC de moyen (la canne est un instrument).

Corrigés p. 84

Je m'entraîne

Exercice 1

Dans chaque phrase, barre les compléments circonstanciels afin d'obtenir la phrase minimale.

a. En Alsace, les cigognes font leur nid en haut des cheminées.

b. La semaine prochaine, nos voisins viendront dîner à la maison.

c. Pour garder la forme, Guillaume fait sa gymnastique tous les matins.

d. Puisque c'est ainsi, nous reviendrons mardi.

e. En raison d'une pluie de météorites, le vaisseau ne pourra pas décoller ce matin.

Exercice 2

Dans les phrases suivantes, surligne les compléments circonstanciels de lieu (CCL).

a. Mon père travaille la nuit dans un hôpital.

b. Les enfants ne doivent pas jouer près de l'eau.

c. Le voleur est sans doute entré dans la pièce par un passage secret.

d. Au Louvre, sont exposées des momies.

e. Cendrillon danse avec le prince dans la salle de bal du palais.

f. J'ai oublié mes lunettes au bord de la piscine.

Brouillon

Brouillon

Exercice 3

Dans les phrases suivantes, souligne les compléments circonstanciels de temps (CCT).

a. Les Jeux olympiques commencent le mois prochain.

b. Ils ont vécu plusieurs années en Australie.

c. Le prochain train pour Bordeaux part à 17 h 45.

d. Quand il sera prêt, il vous fera signe.

e. À minuit, le carrosse de Cendrillon redevient une citrouille.

Exercice 4

Surligne les compléments circonstanciels de cause.

a. À cause de toi, mon téléphone est encore cassé !

b. Dimanche, je me suis levée à 7 h par habitude.

c. En raison de la pluie, le match a été annulé.

d. Arthur a été puni pour insolence.

e. Notre train est arrêté en raison d'un problème sur la voie.

Exercice 5

Surligne les compléments circonstanciels de moyen.

a. Il dessine de magnifiques paysages au fusain.

b. Avec une scie sauteuse, tu pourras arrondir les angles de tes étagères.

c. Les héros de *L'Île mystérieuse* de Jules Verne s'échappent de leur prison en ballon.

d. Je vais au collège en trottinette.

Brouillon

Exercice 6

Surligne les compléments circonstanciels de manière. Attention : toutes les phrases ne contiennent pas un CC de manière !

a. Par plaisir plus que par nécessité, M. Jacques fait pousser des salades.

b. Ce voyageur désire partir rapidement pour San Francisco.

c. Avec beaucoup de précaution, l'archéologue dégagea le vase en terre cuite.

d. François sortit à pas de loup de sa cachette.

e. Le directeur annonça avec émotion qu'il allait prendre sa retraite.

f. Mon chien regarde tout le monde avec affection.

g. Je nettoie la table avec ma gomme.

Exercice 7

Entoure la phrase intruse et justifie ta réponse.

a. **Par précaution**, nous vous demandons de ne pas sortir de chez vous.

b. **Par peur d'être en retard**, il arrive toujours très en avance.

c. Ne ramasse pas tout ce que tu trouves **par terre** !

d. Je n'ai plus faim, mais je finirais bien le gâteau **par gourmandise**.

....

....

....

Corrigés des exercices

Exercice 1

a. Les cigognes font leur nid. **b.** Nos voisins viendront dîner.
c. Guillaume fait sa gymnastique. **d.** Nous reviendrons.
e. Le vaisseau ne pourra pas décoller.

Exercice 2

a. dans un hôpital **b.** près de l'eau **c.** dans la pièce ; par un passage secret
d. Au Louvre **e.** dans la salle de bal du palais **f.** au bord de la piscine.

Exercice 3

a. le mois prochain **b.** plusieurs années **c.** à 17 h 45 **d.** Quand il sera prêt
e. À minuit.

Exercice 4

a. À cause de toi **b.** par habitude **c.** En raison de la pluie
d. pour insolence **e.** en raison d'un problème sur la voie.

Exercice 5

a. au fusain **b.** Avec une scie sauteuse **c.** en ballon **d.** en trottinette.

Exercice 6

c. Avec beaucoup de précaution **d.** à pas de loup **e.** avec émotion
f. avec affection.
Les autres CC : **a.** Par plaisir plus que par nécessité : CC de cause
b. rapidement : CCT ; pour San Francisco : CCL **d.** de sa cachette : CCL
g. avec ma gomme : CC de moyen.

Exercice 7

C'est la phrase **c.** : *par terre* est ici un CCL, alors que dans les autres phrases les compléments introduits par la préposition *par* sont des CC de cause.

Niveaux de langue, types et formes de phrases

Notes

Je retiens le cours

1 Les niveaux de langue

On ne s'adresse pas de la même manière à tout le monde. Selon que l'on parle à un camarade, à quelqu'un de plus âgé ou à une personne occupant une place particulière dans la société, on n'emploie pas les mêmes mots. On distingue trois **niveaux de langue** :

– **le niveau familier ;**

Ex. : **Il regarde la télé.**

– **le niveau courant ;**

Ex. : **Il regarde la télévision.**

– **le niveau soutenu.**

Ex. : **Il a les yeux fixés sur son récepteur de télévision.**

2 Les types de phrases

▸ **La phrase déclarative** donne une information.

Ex. : **Il fait froid. Quelle belle journée !**

▸ **La phrase impérative** exprime un ordre, une interdiction ou un conseil.

Ex. : **Viens m'aider. Vite !**

▸ **La phrase interrogative** pose une question.

Ex. : **Fait-il froid ?**

3 Les formes de phrases

▶ Chaque type de phrase peut se mettre à la **forme négative**.

Ex. : Pourquoi ne dis-tu rien ? *(phrase interrogative négative)*
Ne revenez pas tout de suite. *(phrase impérative négative)*
Personne ne parle sur ce ton. *(phrase déclarative négative)*

▶ Les phrases déclaratives ou impératives peuvent se mettre à la **forme exclamative**.

Ex. : C'est magnifique ! Cours !

Je comprends comment faire

▶ Bien utiliser les niveaux de langue

Le style familier est réservé à l'oral. Tu ne dois pas l'utiliser en expression écrite ou exceptionnellement, lorsque tu fais parler un personnage.

▶ Bien rédiger une phrase de type interrogatif

→ Niveau familier : *Ex. :* Tu viens ? Pourquoi tu ris ? N'utilise pas cette tournure quand tu écris.

→ Niveau courant : *Ex. :* Est-ce que tu viens ? Pourquoi est-ce que tu ris ?

→ Niveau soutenu : *Ex. :* Viens-tu ? Pourquoi ris-tu ?

▶ Bien rédiger une phrase de forme négative

N'oublie pas la double négation : *ne… pas, ne… plus, ne… jamais, personne… ne, rien… ne,* etc.

Ex. : Il pleut encore. → il ne pleut plus.
Je me lève toujours à 7 heures. → Je ne me lève pas toujours à 7 heures. / Je ne me lève jamais à 7 heures.

▶ Bien différencier les interrogations totale et partielle

→ L'interrogation est **totale** si elle porte sur toute la phrase. Les réponses possibles sont « oui » ou « non ».

Ex. : Fait-il beau ?

→ L'interrogation est **partielle** si elle porte sur une partie de la phrase. Il y a de très nombreuses réponses possibles.

Ex. : Qui est venu ? → La question ne porte que sur le mot « qui ».

Brouillon

Corrigés p. 90

Brouillon

Je m'entraîne

Exercice 1

Relie chacun des mots suivants au niveau de langue qui correspond.

a. une bagnole •
b. une voiture •
c. une automobile •
d. s'offusquer •
e. un copain •

• style familier
• style courant
• style soutenu

Exercice 2

Indique à quel niveau de langue appartient chacune des phrases suivantes.

a. T'as eu une idée géniale !

→ ....

b. Cette demeure est somptueuse.

→ ....

c. Quand il doit rentrer ?

→ ....

d. J'ai omis de recopier la question.

→ ....

e. Sam est le frère de Léa.

→ ....

f. Est-ce que tu es d'accord ?

→ ....

Exercice 3

Surligne les phrases impératives.

a. Tu es encore en retard !

b. Dépêche-toi !

c. Vite !

d. Quelle surprise !

e. Regarde devant toi !

f. Ne me parlez pas sur ce ton !

Exercice 4

Indique le type de chaque phrase. Précise quand la phrase est de forme négative ou exclamative.

a. Molière était à la fois auteur, metteur en scène et comédien. → ....

b. Prononce ta réplique ! → ....

c. Quelle comédie amusante ! → ....

d. Connais-tu ton rôle ? → ....

e. Ne pas sonner. → ....

f. J'aimerais bien jouer le rôle de Martine, la femme de Sganarelle. → ....

Exercice 5

Mets les phrases à la forme négative.

a. Je suis en retard. → ....

b. J'ai encore faim. → ....

c. Pourquoi lis-tu ce journal ? → ....

d. As-tu vu mon chien ? → ....

Brouillon

Brouillon

Exercice 6

Surligne les interrogations totales.

a. Qui a rangé mon livre de grammaire ?

b. Quand irons-nous chercher des champignons ?

c. Voulez-vous aller à la patinoire avec nous ?

d. Ne vaudrait-il pas mieux prévenir Pierre ce soir ?

e. Pourquoi ne pas inviter tes cousins ?

f. Comment s'appelle ton chien ?

Exercice 7

Pose les questions correspondant aux éléments en rouge dans les phrases.

a. Mes cousins passent leur été **en Norvège**.

....

b. La classe de $6^{e}3$ ira au musée **lundi prochain**.

....

c. **Margaux** a remporté la compétition.

....

d. **Oui**, nous avons apprécié le spectacle.

....

e. Je suis en retard **parce que j'ai manqué mon bus**.

....

f. Pour aller chez Mère-Grand, je passe **par le bois**.

....

Corrigés des exercices

Exercice 1

a. style familier **b.** style courant **c.** style soutenu **d.** style soutenu
e. style familier.

Exercice 2

a. familier **b.** soutenu **c.** familier **d.** soutenu **e.** courant **f.** courant.

Exercice 3

Phrases impératives : **b.**, **c.**, **e.**, **f.**

Exercice 4

a. type déclaratif **b.** type impératif, forme exclamative
c. type déclaratif, forme exclamative **d.** type interrogatif
e. type impératif, forme négative **f.** type déclaratif.

Exercice 5

a. Je ne suis pas en retard. **b.** Je n'ai plus faim.
c. Pourquoi ne lis-tu pas ce journal ? **d.** N'as-tu pas vu mon chien ?

Exercice 6

a. partielle **b.** partielle **c.** totale **d.** totale **e.** partielle **f.** partielle.

Exercice 7

a. Où mes / tes / vos cousins passent-ils leur été ?
b. Quand la classe de 6^{e}3 ira-t-elle au musée ?
c. Qui a remporté la compétition ?
d. Avez-vous apprécié le spectacle ?
e. Pourquoi es-tu en retard ?
f. Par où passes-tu pour aller chez Mère-Grand ?

Les phrases non-verbale, simple et complexe

Je retiens le cours

1 La phrase

▶ La phrase commence par une majuscule et se termine par un point. Elle a un sens à elle toute seule.

▶ On peut classer les phrases selon le nombre de verbes conjugués qu'elles contiennent.

• La **phrase non-verbale** ne contient aucun verbe conjugué.

Ex. : Merci beaucoup.

• La **phrase simple** contient un seul verbe conjugué.

Ex. : On ne doit pas marcher sur la pelouse.

• La **phrase complexe** contient plusieurs (deux ou plus) verbes conjugués.

Ex. : Le Petit Prince veut que l'aviateur lui dessine un mouton.

2 La phrase complexe

▶ On appelle ***proposition*** un groupe de mots centrés sur un verbe conjugué. Dans une phrase complexe, il y a autant de propositions que de verbes conjugués.

Ex. : Le Petit Prince veut / que l'aviateur lui dessine un mouton.
[1re proposition] [2e proposition]

▶ Quand les propositions sont reliées entre elles par une conjonction de coordination ou un adverbe de liaison, elles sont **coordonnées**.

Ex. : Il pleut / mais je dois sortir. Je lis un peu / puis je dors.

▶ Quand les propositions ne sont pas reliées entre elles, elles sont **juxtaposées**.

Ex. : Il pleut, / je ne sors pas.

▶ Une proposition (principale) peut diriger une autre proposition (subordonnée).

Ex. : J'aimerais / que tu m'aides.

Orthographe et grammaire

Notes

3 Les trois sortes de propositions

▶ Il existe trois sortes de propositions : la proposition indépendante, la proposition principale et la proposition subordonnée.

▶ La proposition **indépendante** se suffit à elle-même.

Ex. : **Il fait beau ; allons nous promener.**
[Ce sont deux propositions indépendantes juxtaposées.]

▶ La proposition **principale** dirige la proposition **subordonnée** comme le Principal d'un collège dirige ses subordonnés.

Ex. : **Je voudrais / que tu te dépêches.**
[principale] [subordonnée]

Je comprends comment faire

▶ Bien connaître les caractéristiques des propositions

→ Chaque proposition contient un verbe conjugué et un seul.

→ Il n'y a pas de proposition principale sans proposition subordonnée ni de proposition subordonnée sans proposition principale.

→ Le premier mot d'une proposition subordonnée est toujours un **mot subordonnant**. Les **pronoms relatifs** *(qui, que, quoi, dont, où, lequel…)*, les **conjonctions de subordination** *(que, quand, dès que…)* et les **mots interrogatifs** *(quel, qui, pourquoi…)* sont des mots subordonnants.

▶ Méthode pour repérer et définir les propositions

1. Je souligne les verbes conjugués et je les compte : il y a autant de propositions que de verbes conjugués.

Ex. : **Il fait beau ; j'aimerais que nous allions au parc.**

2. J'entoure les mots subordonnants : ce sont les premiers mots des propositions subordonnées.

Ex. : **Il fait beau ; j'aimerais [que] nous allions au parc.**

3. J'entoure les propositions subordonnées.

Ex. : **Il fait beau ; j'aimerais [que nous allions au parc].**

4. J'entoure les propositions principales.

Ex. : **Il fait beau ; j'[aimerais] que nous allions au parc.**

5. J'entoure les propositions indépendantes : elles se suffisent à elles-mêmes.

Ex. : **[Il fait beau] ; j'aimerais que nous allions au parc.**

Cette phrase contient donc 3 propositions : 1 indépendante, 1 principale et 1 subordonnée.

Notes

Corrigés p. 96

Brouillon

Je m'entraîne

Exercice 1

Dans le texte suivant, entoure les phrases complexes.

Cendrillon est une jeune fille bonne et douce. Elle est aussi très belle. Ses sœurs, qui la trouvent trop jolie et qui sont jalouses, ne l'aiment pas et sont méchantes avec elle. Elles obligent Cendrillon à laver les sols, préparer les repas, faire la vaisselle… Mais Cendrillon ne se plaint pas. Elle fait patiemment ce qu'on lui demande, et sa gentillesse sera récompensée.

Exercice 2

Dans le texte suivant, souligne les propositions subordonnées. Les mots subordonnants sont en gras.

Un jour, **alors que** Cendrillon nettoyait le plancher, un messager du roi vint annoncer une grande nouvelle : le roi donnait un bal. Toutes les jeunes filles étaient invitées. Les deux sœurs demandèrent à Cendrillon de leur coudre les plus belles robes du monde. Elles lui dirent aussi **que** la pauvre enfant ne pourrait pas aller danser **parce qu'**elle n'avait rien à se mettre. Cendrillon ne répondit pas et se mit à coudre et à broder les robes. **Quand** elle eut fini, ses deux sœurs poussèrent des cris de joie : « Nous voulons aussi **que** tu nous coiffes », ordonna l'une des deux sœurs. Et Cendrillon dit **qu'**elle voulait bien essayer.

Brouillon

Exercice 3

Souligne les propositions principales qui dirigent, dans les phrases suivantes, les propositions subordonnées entre crochets.

a. Je voudrais [que tu m'apportes la plus belle citrouille de ton jardin].

b. Je veux [que cette citrouille se transforme en un magnifique carrosse] ; ce carrosse sera le plus beau du monde.

c. [Si tu m'apportais quatre lézards], j'en ferai quatre beaux laquais.

d. Les lézards [que tu as choisis] sont très colorés ; la livrée de tes laquais sera magnifique.

Exercice 4

Souligne les propositions subordonnées dans les phrases suivantes. (Toutes les phrases ne contiennent pas nécessairement une proposition subordonnée.)

a. Il fait beau ; nos voisins nous ont dit qu'ils allaient pique-niquer.

b. Il pleut et le vent souffle.

c. Pascal est en train de lire le journal que tu lui as prêté ; il te le rendra demain.

d. Les lapins aiment qu'on leur apporte des carottes.

e. Le cavalier donne un coup de cravache à son cheval pour qu'il saute l'obstacle.

Exercice 5

Transforme les couples de propositions indépendantes en une phrase constituée d'une principale et d'une subordonnée.

a. Je ne peux pas aller à l'école ; il y a un monstre à l'entrée.

....

b. Le fantôme habite le château ; le château est au fond des bois.

....

c. Alice suit un lapin ; j'ai vu ce lapin sous ma fenêtre hier.

....

Exercice 6

En remettant dans l'ordre les mots donnés, réécris chacune des phrases suivantes qui sont composées d'une proposition principale et d'une proposition subordonnée.

a. Le – annonce – train – contrôleur – que – retard – du – le – aura.

....

b. Pierre – quand – être – lit – dérangé – ne – pas – il – veut.

....

c. les – remporte – apportés – coquillages – mer – La – qu' – a – elle.

....

d. Judith – livre – qu' – feuillette – le – d' – elle – vient – acheter.

....

Brouillon

Corrigés des exercices

Exercice 1

« Ses sœurs, qui la trouvent trop jolie et qui sont jalouses, ne l'aiment pas et sont méchantes avec elle » et « *Elle fait patiemment ce qu'on lui demande, et sa gentillesse sera récompensée* » sont des phrases complexes (deux verbes conjugués ou plus). Les autres phrases sont des phrases simples (un seul verbe conjugué).

Exercice 2

Les mots subordonnants sont en gras et les subordonnées sont soulignées.
Un jour, **alors que** Cendrillon nettoyait le plancher, un messager du roi vint annoncer une grande nouvelle : le roi donnait un bal. Toutes les jeunes filles étaient invitées. Les deux sœurs demandèrent à Cendrillon de leur coudre les plus belles robes du monde. Elles lui dirent aussi **que** la pauvre enfant ne pourrait pas aller danser **parce qu'**elle n'avait rien à se mettre. Cendrillon ne répondit pas et se mit à coudre et à broder les robes. **Quand** elle eut fini, ses deux sœurs poussèrent des cris de joie : « Nous voulons aussi **que** tu nous coiffes », ordonna l'une des deux sœurs.
Et Cendrillon dit **qu'**elle voulait bien essayer.

Exercice 3

a. Je voudrais.
b. Je veux.
c. J'en ferai quatre beaux laquais.
d. Les lézards sont très colorés.
La proposition subordonnée peut se retrouver au milieu de la proposition principale : c'est le cas dans la phrase d.

Exercice 4

Les mots subordonnants qui permettent de repérer les propositions subordonnées ont été indiqués ici en gras.
a. Qu'ils allaient pique-niquer.
b. Deux indépendantes coordonnées, pas de subordonnée.
c. Que tu lui as prêté.
d. Qu'on leur apporte des carottes.
e. Pour qu'il saute l'obstacle.

Exercice 5

a. Je ne peux pas aller à l'école parce qu'il y a un monstre à l'entrée. (Il ne faut pas employer *car* à la place de *parce que* : en effet, *car* est une conjonction de coordination et non pas un mot subordonnant ; il ne peut donc pas introduire une subordonnée.)
b. Le fantôme habite le château qui est au fond des bois.
c. Alice suit un lapin que j'ai vu sous ma fenêtre hier.

Exercice 6

a. Le contrôleur annonce que le train aura du retard.
b. Pierre ne veut pas être dérangé quand il lit.
c. La mer remporte les coquillages qu'elle a apportés.
d. Judith feuillette le livre qu'elle vient d'acheter.

Partie 2

Conjugaison

Teste tes connaissances

Coche, pour chaque exercice, la (ou les) bonne(s) réponse(s).
Reporte-toi ensuite aux corrigés, p. 99.

Leçon 15 page 101

1 Le mot *saisir* :

a. est un verbe d'action. ☐
b. se finit par *-issons* à la 1re personne du pluriel du présent de l'indicatif. ☐
c. est un verbe du 1er groupe. ☐

2 Le mot *courir* :

a. est un auxiliaire. ☐
b. est un verbe du 3e groupe. ☐
c. est un verbe au mode infinitif. ☐

Leçon 16 page 107

3 Au singulier, les terminaisons des verbes du 1er groupe au présent de l'indicatif sont :

a. *-e, -es, -e.* ☐
b. *-e, -e, -e.* ☐
c. *-s, -e, -e.* ☐

4 Les terminaisons des verbes en *-dre* au présent de l'indicatif sont :

a. *-ie, -ies, -ie, -ions, -iez, -ient.* ☐
b. *-is, -is, -it, -issons, -issez, -issent.* ☐
c. *-ds, -ds, -d, -ons, -ez, -ent.* ☐

Leçon 17 page 113

5 Le verbe au futur est :

a. je partirai. ☐
b. je savais. ☐
c. je regardai. ☐

6 Le verbe au conditionnel présent est :

a. je voulais. ☐
b. je sortirais. ☐
c. je raconterai. ☐

Leçon 18 page 119

7 Les verbes à l'imparfait sont :

a. je savais. ☐
b. nous oubliions. ☐
c. ils parlèrent. ☐

8 Les verbes au passé simple sont :

a. il préparera. ☐
b. il entendit. ☐
c. il revint. ☐

Leçon 19 page 125

9 La forme correcte au présent de l'indicatif est :

a. j'envoye. ☐
b. j'appuye. ☐
c. nous essuyons. ☐

10 La forme correcte au présent de l'indicatif est :

a. nous déplaçons. ☐
b. vous vous élançez. ☐
c. nous lanceons. ☐

Leçon 20

page 131

11 Pour conjuguer un verbe au plus-que-parfait, on met l'auxiliaire :

a. au présent. ☐
b. au passé simple. ☐
c. à l'imparfait. ☐

12 Au passé composé, la forme correcte est :

a. elle a proposé. ☐
b. nous avions entendu. ☐
c. vous aurez dit. ☐

Corrigés

1. a, b – 2. b, c – 3. a – 4. c – 5. a – 6. b – 7. a, b – 8. b, c – 9. c – 10. a – 11. c – 12. a

La conjugaison du verbe : les principes

Notes

Je retiens le cours

1 Définition

▶ Le verbe est le **noyau de la phrase ou de la proposition** ; il indique l'action ou décrit l'état du sujet. Le verbe peut se conjuguer et il s'accorde en nombre et en personne avec son sujet.

▶ Toute forme verbale est constituée d'un **radical** et d'une **terminaison**.

Ex. : parler

radical — terminaison

je parle — je parlais

2 Les types de verbes selon leur rôle

▶ **Les verbes d'action et les verbes d'état**

• **Le verbe d'action** exprime un mouvement, une transformation… (*voyager, raconter, courir…*).

• **Le verbe d'état** exprime une situation (*être, sembler, devenir, rester…*).

▶ **Les auxiliaires**

Avoir et ***être*** sont les deux auxiliaires qui servent à former les différents temps composés.

Ex. : **J'ai raconté. (passé composé du verbe *raconter*)**

Je suis venu(e). (passé composé du verbe *venir*)

3 La conjugaison des verbes

▶ La conjugaison des verbes s'organise en **modes** et en **temps** ; chaque mode comprend plusieurs temps.

▶ Il existe **six modes de conjugaison** des verbes : l'indicatif, le subjonctif, le conditionnel, l'impératif (modes personnels) ; l'infinitif et le participe (modes impersonnels).

▶ On distingue les **temps simples** (présent, futur…) et les **temps composés** qui se construisent avec un auxiliaire (passé composé, plus-que-parfait…).

Je comprends comment faire

Bien conjuguer un verbe

Pour conjuguer un verbe, il faut :

– savoir sur quel modèle il se conjugue ;

– connaître par cœur la conjugaison de certains verbes-modèles.

Trouver le groupe d'un verbe

→ **À l'exception du verbe *aller***, tous les verbes dont l'infinitif est en ***-er*** sont du **1er groupe**. Les autres verbes se répartissent entre le 2e groupe et le 3e groupe.

Ex. : chanter, appeler, nettoyer…

→ **Le verbe *aller*** appartient au 3e groupe.

→ Les verbes dont l'infinitif est en ***-ir*** et dont la 1re personne du pluriel du présent de l'indicatif est en ***-issons*** sont du **2e groupe**.

Ex. : finir, nous finissons.

→ Les verbes qui n'appartiennent ni au 1er groupe ni au 2e groupe sont du **3e groupe** : verbes en ***-ir***, en ***-dre***, en ***-re***.

Ex. : partir, vouloir, prendre, faire…

Conjuguer un verbe à l'impératif présent

▶ L'impératif n'a que trois personnes.

▶ Verbes du **1er groupe** : *-e*, *-ons*, *-ez*.

Ex. : Raconte, racontons, racontez.

▶ Les verbes du **2e groupe** et du **3e groupe** se conjuguent à l'impératif comme à l'indicatif présent ; seuls les verbes *aller* et *savoir* sont irréguliers.

Ex. : verbes réguliers : finis, finissons, finissez ; pars, partons, partez ; prends, prenons, prenez.
verbe *aller* : va, allons, allez ; verbe *savoir* : sache, sachons, sachez.

Notes

Corrigés p. 106

Je m'entraîne

Brouillon

Exercice 1

Relie chaque verbe à son groupe.

grandir •		
danser •		• 1er groupe
aller •		
sentir •		• 2e groupe
pouvoir •		
perdre •		• 3e groupe

Exercice 2

Dans les séries suivantes, entoure l'intrus et justifie ta réponse.

a. voir – devoir – s'asseoir – avoir – vouloir – croire

....

....

b. mettre – prendre – résoudre – vivre – être – suivre

....

....

c. je prends – je cours – je mange – je vois

....

....

d. il répond – il écrit – il s'écrie – il se tait

....

....

Brouillon

Exercice 3

Dans le texte suivant, souligne en rouge les verbes conjugués à un temps simple et en vert les verbes conjugués à un temps composé (entoure alors l'auxiliaire).

En effet, quand Biribi eut mangé toute sa soupe, il se leva et marcha vers sa niche, qu'il gagna avec peine. Il s'y blottit et ne tarda pas à s'endormir. Quand il fut réveillé, il mangea une seconde soupe qu'on lui avait préparé et il parut avoir retrouvé ses forces et sa gaieté. Les enfants coururent raconter à leurs mamans et à leurs papas l'aventure de Biribi. [...] Madame de Fleurville donna ordre, que lorsque la buanderie aurait été ouverte, on y regardât toujours le lendemain, de peur que quelque enfant ou quelque bête ne s'y trouvât enfermé. Biribi n'osait plus en approcher.

La Comtesse de Ségur, *Les Vacances.*

Exercice 4

Surligne la terminaison des formes verbales suivantes.

Je regarde – nous observons – vous rangez – ils partent – vous dormez – tu rêves – je savais – nous entendions – vous dessiniez – il jouait – elle regarda – il comprit

Exercice 5

Entoure les verbes que les infinitifs en rouge complètent.

a. Je voudrais bien **visiter** Saint-Pétersbourg.

b. Ma camarade Natacha sait **parler** russe.

c. Je peux vous **donner** un coup de main.

d. Mes parents comptent **s'installer** sur Mars l'an prochain.

Exercice 6

Barre et corrige les deux verbes mal orthographiés à l'impératif présent.

cherche – regardes – va – dors – entend – lis

....

Exercice 7

Réécris les phrases en mettant le verbe à l'impératif présent.

a. Vous viendrez me voir demain :

....

b. Tu rangeras ta chambre :

....

Exercice 8

Dans les phrases suivantes, donne l'infinitif, le mode et le temps des verbes en rouge.

a. « Biribi ! Biribi ! **s'écrient** les enfants. »

Infinitif : ....

Mode : ....

Temps : ....

b. Marguerite, riant : « Ha, ha, ha ! **Avoue** donc tout simplement que tu avais peur et que tu **te sauvais**. »

Infinitifs : ....

Mode : ....

Temps : ....

Brouillon

Corrigés des exercices

Exercice 1

1er groupe : danser ; **2e groupe :** grandir ; **3e groupe :** aller, sentir, pouvoir, perdre.

Exercice 2

a. *avoir* est un auxiliaire et non un verbe du 3e groupe.
b. *être* est un auxiliaire et non un verbe du 3e groupe.
c. *manger* est le seul verbe en *-er*.
d. *s'écrier* est le seul verbe en *-er*.

Exercice 3

eut mangé (temps composé, *avoir*) ; se leva (temps simple) ; marcha (temps simple) ; gagna (temps simple) ; blottit (temps simple) ; tarda (temps simple) ; fut réveillé (temps composé, *être*) ; mangea (temps simple) ; avait préparé (temps composé, *avoir*) ; parut (temps simple) ; coururent (temps simple) ; donna (temps simple) ; aurait été ouverte (temps composé : verbe *être* conjugué à un temps composé avec l'auxiliaire *avoir*) ; regardât (temps simple) ; trouvât (temps simple) ; osait (temps simple).
Remarque : *fut réveillé* et *aurait été ouverte* sont deux verbes au passif ; cette construction sera étudiée durant le cycle 4.

Exercice 4

Les terminaisons à surligner sont en gras : Je regard**e** – nous observ**ons** – vous rang**ez** – ils part**ent** – vous dorm**ez** – tu rêv**es** – je sav**ais** – nous entend**ions** – vous dessin**iez** – il jou**ait** – elle regard**a** – il compr**it**.

Exercice 5

a. voudrais **b.** sait **c.** veux **d.** comptent.

Exercice 6

Les deux verbes mal orthographiés à l'impératif présent sont : ***regardes*** (*s* en trop) et ***entend*** (*s* manquant).

Exercice 7

a. Venez me voir demain. **b.** Range ta chambre.

Exercice 8

a. *s'écrier*, indicatif, présent
b. *avouer*, impératif, présent ; *se sauver*, indicatif, imparfait

Le présent de l'indicatif

Notes

Je retiens le cours

1 Verbes du 1er groupe

Les terminaisons sont toujours *-e, -es, -e, -ons, -ez, -ent*.

Ex. : parler : je parle, tu parles, il parle,
nous parlons, vous parlez, ils parlent.

2 Verbes du 2e groupe

Les terminaisons sont toujours *-is, -is, -it, -issons, -issez, -issent*.

Ex. : finir : je finis, tu finis, il finit,
nous finissons, vous finissez, ils finissent.

3 Verbes du 3e groupe

▸ **Au singulier**, il y a quatre sortes de terminaisons :

1. *-s, -s, -t* (*devoir, dire, faire* et les verbes en *-indre* et *-soudre*).

Ex. : devoir : je dois, tu dois, il doit.

2. *-ds, -ds, -d* (verbes en *-dre*, sauf ceux en *-indre* et *-soudre*).

Ex. : prendre : je prends, tu prends, il prend.

3. *-x, -x, -t* (trois verbes : *vouloir, pouvoir, valoir*).

Ex. : vouloir : je veux, tu veux, il veut.

4. *-e, -es, -e (offrir, cueillir, découvrir…).*

Ex. : offrir : j'offre, tu offres, il offre.

▸ **Au pluriel**, tous les verbes prennent les terminaisons : *-ons, -ez, -ent.*

Ex. : nous devons, nous prenons, vous voulez, vous offrez, ils doivent,
ils prennent, ils veulent, ils offrent.

▸ Le verbe **aller**, seul verbe en *-er* du 3e groupe, est une exception :
je vais, tu vas, il va, nous allons, vous allez, ils vont.

4 Emplois (valeurs) du présent de l'indicatif

▶ Le présent sert à exprimer une action qui se déroule au moment où l'on parle.

Ex. : **Je révise ma leçon.**

▶ Il peut aussi exprimer :

– une habitude ;

Ex. : **Chaque matin, il fait son lit.**

– une vérité générale ;

Ex. : **Le Soleil se lève à l'est.**

– une action passée.

Ex. : **Victor Hugo naît en 1802.** ***(présent de narration)***

Je comprends comment faire

▶ Conjuguer un verbe au présent

Pour mettre un verbe au présent, il faut le faire précéder de *maintenant*.

Ex. : courir **: maintenant, je cours, tu cours…**

▶ Choisir un modèle de conjugaison

Pour choisir un modèle, j'examine l'infinitif du verbe.

→ Le verbe est en *-er* (sauf *aller*) : je le conjugue comme *parler*.

→ Le verbe n'appartient pas au 1er groupe :

– le verbe est en *-dre* : je le conjugue comme *prendre* (sauf les verbes en *-indre* et *-soudre*) ;

Ex. : vendre **: je vends, tu vends…**

– s'il s'agit de *vouloir*, *pouvoir* ou *valoir*, je pense à mettre un *-x* ;

Ex. : pouvoir **: je peux, tu peux…**

– le verbe n'est ni en *-dre* et n'est ni *vouloir*, *pouvoir* ou *valoir*, je le conjugue comme *finir* (2e groupe) ou *devoir* (3e groupe) ;

Ex. : partir **: je pars, tu pars…**

– si je ne peux pas appliquer les terminaisons du 3e groupe (j'offrs, je cueillx), j'utilise celles du 1er groupe.

Ex. : ouvrir **: j'ouvre, tu ouvres…**

▶ Bien conjuguer les verbes du 1er groupe

Au singulier, les **verbes du 1er groupe** conjugués au présent ont toujours un **e** dans leur terminaison, même si on ne l'entend pas.

Ex. : crier **: je crie, tu cries, il crie.**

Notes

Corrigés p. 112

Je m'entraîne

Brouillon

Exercice 1

Écris au présent de l'indicatif la 1re personne du singulier et du pluriel des verbes suivants.

a. crier : ....

b. grandir : ....

c. tenir : ....

d. vouloir : ....

e. penser : ....

f. lire : ....

g. travailler : ....

Exercice 2

Complète le tableau suivant.

infinitif	présent de l'indicatif	
....	j'..........	vous écrivez
....	je	vous payez
pâlir	je	vous ....
jouer	je	vous ....
....	je	vous comprenez
....	je fais	vous ....
dire	....	....
....	je réponds	....
....	....	vous voulez

Brouillo

Exercice 3

Entoure la forme correcte en gras. Surligne les verbes du 1er groupe (-*er*).

a. Je **recouds/recoue** un bouton.

b. J'**avouds/avoue** avoir mangé tout le gâteau.

c. Je **conclus/conclue** mon devoir.

d. Je **distribus/distribue** les cartes.

Exercice 4

Dans les phrases suivantes, écris au présent de l'indicatif les verbes entre parenthèses.

a. Il *(rire)* .... aux éclats parce que je *(venir)* .... de lui raconter une histoire drôle.

b. Il *(parier)* .... que tu ne *(savoir)* .... pas courir aussi vite que lui.

c. Te *(souvenir)* ....-tu de cette histoire drôle ?

d. Ce que vous *(dire)* .... est intéressant.

e. Je te *(confier)* .... un secret.

Exercice 5

Écris au présent de l'indicatif la 3e personne du singulier et du pluriel des verbes suivants.

a. poser : ....

b. pouvoir : ....

c. vendre : ....

d. frémir : ....

e. venir : ....

Exercice 6

Complète le tableau suivant.

infinitif	présent de l'indicatif	nom
....	je	un cri
....	je me réveille	....
parier	je	....
plier	je	....
....	je sommeille	....
....	je	un travail
oublier	j'........................	....
....	je	un saut

Exercice 7

Précise si le présent de l'indicatif sert à exprimer une action qui se déroule au moment où l'on parle, une habitude, une vérité générale, ou bien s'il sert à rendre plus vivante une action passée (présent de narration).

a. Chaque année, nous allons en vacances en Bretagne.

→ ....

b. Je me demande qui peut bien téléphoner à cette heure-ci.

→ ....

c. La Lune est un satellite de la Terre.

→ ....

d. Le cocher arrête son carrosse et Cendrillon en descend.

→ ....

Brouillon

Corrigés des exercices

Exercice 1

a. je crie, nous crions **b.** je grandis, nous grandissons **c.** je tiens, nous tenons **d.** je veux, nous voulons **e.** je pense, nous pensons **f.** je lis, nous lisons **g.** je travaille, nous travaillons.

Exercice 2

écrire, j'écris ; payer, je paie (ou je paye) ; je pâlis, vous pâlissez ; je joue, vous jouez ; comprendre, je comprends ; faire, vous faites ; je dis, vous dites ; répondre, vous répondez ; vouloir, je veux.

Exercice 3

a. je recouds **b.** j'avoue **c.** je conclus **d.** je distribue.

Exercice 4

a. rit, viens **b.** parie, sais **c.** souviens **d.** dites **e.** confie.

Exercice 5

a. il pose, ils posent **b.** il peut, ils peuvent **c.** il vend, ils vendent **d.** il frémit, ils frémissent **e.** il vient, ils viennent.

Exercice 6

crier, je crie ; se réveiller, un réveil ; je parie, un pari ; je plie, un pli ; sommeiller, un sommeil ; travailler, je travaille ; j'oublie, un oubli ; sauter, je saute.
On remarque que les verbes du 1er groupe au présent se terminent par un e, alors que les noms masculins correspondants ne se terminent pas par un e.

Exercice 7

a. habitude **b.** présent du moment où on parle **c.** vérité générale **d.** présent de narration.

SÉANCE DU ....

Leçon 17

Conjugaison

Notes

Le futur et le conditionnel présent

Je retiens le cours

1 Le radical du futur de l'indicatif et du conditionnel présent

▸ Pour conjuguer la plupart des verbes au futur ou au conditionnel présent, il faut ajouter les terminaisons à l'infinitif du verbe.

Ex. : apprécier : **j'apprécierai, j'apprécierais…**

▸ Les verbes *courir* et *mourir* prennent deux *r* au futur *(je courrai, je mourrai)* et au conditionnel présent *(je courrais, je mourrais)*.

2 Le futur de l'indicatif

▸ Conjugaison

Pour conjuguer un verbe au futur de l'indicatif, on ajoute au radical les terminaisons *-(r)ai, -(r)as, -(r)a, -(r)ons, -(r)ez, -(r)ont*.

Ex. : porter : **je porterai.**

infinitif terminaison

penser **: je penserai, tu penseras, il pensera, nous penserons, vous penserez, ils penseront.**

devoir : **je devrai, tu devras, il devra, nous devrons, vous devrez, ils devront.**

▸ Certains verbes ont un futur irrégulier.

Ex. : tenir → **je tiendrai, tu tiendras…** *pouvoir* → **je pourrai, tu pourras…**

savoir → **je saurai, tu sauras…** *vouloir* → **je voudrai, tu voudras…**

▸ Utilisation

Le futur sert à exprimer une action qui doit se dérouler dans l'avenir ; il peut aussi exprimer un ordre.

Ex. : **Tu feras tes devoirs avant le dîner.**

3 Le conditionnel présent

Les verbes au conditionnel présent ont le même radical qu'au futur.
Les terminaisons sont *-(r)ais, -(r)ais, -(r)ait, -(r)ions, -(r)iez, -(r)aient*.

Ex. : penser : **je penserais, tu penserais, il penserait, nous penserions, vous penseriez, ils penseraient.**
devoir : **je devrais, tu devrais, il devrait, nous devrions, vous devriez, ils devraient.**

Je comprends comment faire

Conjuguer un verbe au futur

Pour conjuguer un verbe au futur, tu peux le faire précéder de *demain.*

Ex. : travailler : **Demain je travaillerai, tu travailleras, il travaillera, nous travaillerons…**

Conjuguer un verbe au conditionnel présent

Pour conjuguer un verbe au conditionnel présent, tu peux le faire précéder de *si c'était possible*.

Ex. : travailler : **Si c'était possible je travaillerais, tu travaillerais, il travaillerait, nous travaillerions…**

Bien conjuguer les verbes en *-ier* et *-uer*

Il ne faut pas oublier d'écrire le -e muet qui appartient au radical.

Ex. : **Futur :**	**Conditionnel présent :**
j'oublierai, je jouerai	**j'oublierais, je jouerais**

Bien conjuguer les auxiliaires

Il ne faut pas confondre les verbes *avoir* et *être* au futur et au conditionnel.

Avoir : **futur** → j'aurai, tu auras, il aura, nous aurons, vous aurez, ils auront.

conditionnel présent → j'aurais, tu aurais, il aurait, nous aurions, vous auriez, ils auraient.

Être : **futur** → je serai, tu seras, il sera, nous serons, vous serez, ils seront.

conditionnel présent → je serais, tu serais, il serait, nous serions, vous seriez, ils seraient.

Notes

Corrigés p. 118

Je m'entraîne

Brouillon

Exercice 1

Écris au futur la 1re personne du singulier des verbes suivants.

avoir – penser – glisser – grossir – partir –
dire – être – raconter – vérifier – grandir –
prendre – avouer – permettre – faire

....

....

....

....

....

....

....

Exercice 2

Écris au futur la 2e personne du pluriel des verbes suivants.

plier – attribuer – saisir – venir – vouloir –
pouvoir – applaudir – conclure – répondre –
multiplier – attribuer – surprendre – lire

....

....

....

....

....

....

Exercice 3

Réécris au futur les phrases suivantes.

a. D'abord tu cloues la planche et ensuite tu scies le morceau en trop.

....

....

b. Tu n'oublies pas ton livre de grammaire !

....

c. J'ai le résultat demain.

....

d. J'écris une carte postale.

....

e. Je distribue les cartes aux joueurs.

....

Exercice 4

Mets les verbes à la 1re personne du singulier et du pluriel du conditionnel présent.

a. regarder : ....

b. dire : ....

c. faire : ....

d. entendre : ....

e. oublier : ....

f. remuer : ....

Brouillon

Brouillon

Exercice 5

Indique si les verbes sont au futur ou au conditionnel présent.

a. nous verrions : ....

b. tu descendrais : ....

c. je réussirai : ....

d. ils mériteront : ....

e. je suivrais : ....

f. elles décideraient : ....

Exercice 6

Mets les verbes à la 3e personne du pluriel du futur et du conditionnel présent.

a. attribuer : ....

....

b. pâlir : ....

....

c. louer : ....

....

d. entendre : ....

....

e. partir : ....

....

f. multiplier : ....

....

Corrigés des exercices

Exercice 1

j'aurai ; je penserai ; je glisserai ; je grossirai ; je partirai ; je dirai ; je serai ; je raconterai ; je vérifierai ; je grandirai ; je prendrai ; j'avouerai ; je permettrai ; je ferai.

Exercice 2

vous plierez ; vous attribuerez ; vous saisirez ; vous viendrez ; vous voudrez ; vous pourrez ; vous applaudirez ; vous conclurez ; vous répondrez ; vous multiplierez ; vous attribuerez ; vous surprendrez ; vous lirez.

Exercice 3

a. tu cloueras, tu scieras **b.** Tu n'oublieras pas **c.** J'aurai **d.** J'écrirai
e. Je distribuerai.

Exercice 4

a. je regarderais, nous regarderions **b.** je dirais, nous dirions
c. je ferais, nous ferions **d.** j'entendrais, nous entendrions
e. j'oublierais, nous oublierions **f.** je remuerais, nous remuerions.

Exercice 5

Futur : **c.** et **d.** Conditionnel présent : **a.**, **b.**, **e.**, **f**.

Exercice 6

a. ils attribueront, ils attribueraient **b.** ils pâliront, ils pâliraient
c. ils loueront, ils loueraient **d.** ils entendront, ils entendraient
e. ils partiront, ils partiraient **f.** ils multiplieront, ils multiplieraient.

Notes

L'imparfait et le passé simple

Je retiens le cours

1 L'imparfait

▶ L'imparfait exprime une action passée ; on ne sait pas quand elle a commencé ni quand elle s'est terminée.

Ex. : **Cendrillon travaillait dur à la maison.**

▶ Pour conjuguer à l'imparfait de l'indicatif, on ajoute au radical du verbe les terminaisons *-ais, -ais, -ait, -ions, -iez, -aient.*

Ex. : parler : **je parlais, tu parlais, il parlait, nous parlions, vous parliez, ils parlaient.**

2 Le passé simple

▶ Le passé simple exprime une action passée limitée dans le temps.

Ex. : **La soucoupe volante voyagea deux mille ans.**

▶ **Verbes du 1er groupe : son « a » dominant**

Les terminaisons des verbes du 1er groupe conjugués au passé simple de l'indicatif sont toujours *-ai, -as, -a, -âmes, -âtes, -èrent.*

Ex. : raconter : **je racontai, tu racontas, il raconta, nous racontâmes, vous racontâtes, ils racontèrent.**

▶ **Autres verbes**

Dans la conjugaison des verbes du 2e groupe *(finir)* et du 3e groupe au passé simple de l'indicatif, on trouve trois modèles de conjugaison : un dans lequel domine le son « i », un dans lequel domine le son « u », un dans lequel domine le son « in ».

Ex. :

i		u	in
je finis	je partis	je voulus	je vins
tu finis	tu partis	tu voulus	tu vins
il finit	il partit	il voulut	il vint
nous finîmes	nous partîmes	nous voulûmes	nous vînmes
vous finîtes	vous partîtes	vous voulûtes	vous vîntes
ils finirent	ils partirent	ils voulurent	ils vinrent

Je comprends comment faire

Conjuguer et utiliser un verbe à l'imparfait

→ Pour mettre un verbe à l'imparfait, tu peux le faire précéder de *autrefois*.

Ex. : *vivre* : Autrefois je vivais à la campagne.

→ Le radical du verbe à l'imparfait est le même que celui du verbe à la 1re personne du pluriel au présent.

Ex. : nous vivons → je vivais, nous vivions ;
nous finissons → je finissais → nous finissions.

→ On utilise l'imparfait pour décrire une personne, un paysage ou un objet, pour exprimer une habitude ou une action secondaire.

Ex. : Tournesol portait des petites lunettes rondes. → description.
Chaque matin, il se levait à 5 heures. → habitude.
Nous dormions tous quand l'orage éclata. → action secondaire

Quelques difficultés à l'imparfait

Le *-i-* de la terminaison au pluriel ne s'entend pas toujours.

Ex. : *gagner* : je gagnais, nous gagnions, vous gagniez.
***crier* : je criais, nous criions, vous criiez.**
***travailler* : je travaillais, nous travaillions, vous travailliez.**

Conjuguer un verbe au passé simple

→ Pour mettre un verbe au passé simple, tu peux le faire précéder de *ce jour-là, soudain*.

Ex. : *rencontrer* : Ce jour-là, soudain, Tom rencontra Nadia.

→ Ensuite, il faut choisir le bon modèle de conjugaison : seuls les verbes du 1er groupe ont la voyelle en « a » au passé simple.

→ Au passé simple, il ne faut pas oublier l'accent circonflexe sur la terminaison de la 1re et de la 2e personne du pluriel.

Ex. : nous racontâmes, nous finîmes, nous partîmes, vous courûtes, vous revîntes.

Notes

Corrigés p. 124

Brouillon

Je m'entraîne

Exercice 1

Entoure les verbes à l'imparfait.

il court – il sait – il nageait – nous pensons –
nous venions – nous criions – vous cueilliez –
vous suivez – vous distribuiez – je viendrais –
tu disais – nous proposions – je racontai

Exercice 2

Mets à la 1re personne du singulier et du pluriel de l'imparfait les verbes suivants.

a. chanter : ....

b. rougir : ....

c. entendre : ....

d. avoir : ....

e. être : ....

f. parier : ....

Exercice 3

Souligne l'intrus et justifie ta réponse.

nous aimions – nous dansions – nous partions –
nous oublions – nous regardions – nous lancions –
nous nagions – nous prenions

....

....

....

Exercice 4

Réécris les phrases en mettant les verbes à l'imparfait.

a. Les étoiles scintillent dans le ciel.

....

b. Il ne pleut plus et le soleil brille.

....

c. Je joue au handball le samedi.

....

d. Nous cueillons des cerises et nous les mangeons.

....

Exercice 5

Souligne les verbes du 1er groupe. Écris ensuite au passé simple la 3e personne du singulier et du pluriel des verbes suivants.

a. verser : ....

b. finir : ....

c. venir : ....

d. aimer : ....

e. vouloir : ....

f. tenir : ....

g. apprécier : ....

h. se réveiller : ....

i. entendre : ....

j. laisser : ....

Brouillon

Exercice 6

Écris devant les formes verbales suivantes le pronom personnel qui convient.

a. .... pensâmes

b. .... lancèrent

c. .... devinrent

d. .... vécut

e. .... puisas

f. .... appréciai

g. .... fîmes

h. .... voyageai

Exercice 7

Réécris les phrases suivantes en mettant le verbe à la 1re personne du singulier du passé simple.

a. Nous escaladâmes la montagne par sa face nord.

....

....

....

b. Nous campâmes à mi-chemin.

....

c. Nous gravîmes en silence les derniers mètres.

....

d. Nous revînmes le lendemain.

....

e. Nous courûmes nous mettre à l'abri de la pluie.

....

Brouillon

Corrigés des exercices

Exercice 1

il nageait, nous venions, nous criions, vous cueilliez, vous distribuiez, tu disais, nous proposions.

Exercice 2

a. je chantais, nous chantions
b. je rougissais, nous rougissions
c. j'entendais, nous entendions
d. j'avais, nous avions
e. j'étais, nous étions
f. je pariais, nous pariions.

Exercice 3

nous oublions : c'est le verbe *oublier* au présent de l'indicatif.
Les autres verbes sont à l'imparfait de l'indicatif. À l'imparfait de l'indicatif, le verbe *oublier* s'écrit « nous oubliions » à la 1re personne du pluriel.

Exercice 4

a. Les étoiles scintillaient dans le ciel.
b. Il ne pleuvait plus et le soleil brillait.
c. Je jouais au handball le samedi.
d. Nous cueillions des cerises et nous les mangions.

Exercice 5

Verbes du 1er groupe : verser, aimer, apprécier, se réveiller, laisser.
a. il versa, ils versèrent **b.** il finit, ils finirent **c.** il vint, ils vinrent
d. il aima, ils aimèrent **e.** il voulut, ils voulurent **f.** il tint, ils tinrent
g. il apprécia, ils apprécièrent **h.** il se réveilla, il se réveillèrent
i. il entendit, ils entendirent **j.** il laissa, ils laissèrent.
Seuls les verbes en *-er* ont une terminaison en *-a* à la 3e personne du singulier et en *-èrent* à la 3e personne du pluriel.

Exercice 6

a. nous **b.** ils **c.** ils **d.** il **e.** tu **f.** j' **g.** nous **h.** je.

Exercice 7

a. J'escaladai **b.** Je campai **c.** Je gravis **d.** Je revins **e.** Je courus me mettre.

Les difficultés des verbes du 1er groupe

Notes

Je retiens le cours

1 Verbes en *-cer*, *-ger* et *-guer*

▶ **Les verbes en *-cer*** prennent une cédille devant un *-o* ou un *-a*.

Ex. : **présent → nous lançons ; imparfait → je lançais ; passé simple : il lança.**

▶ **Les verbes en *-ger*** intercalent un *-e* entre le *-g* et les terminaisons commençant par un *-a* ou un *-o*.

Ex. : **présent → nous mangeons ; imparfait → je mangeais ; passé simple → il mangea.**

▶ **Les verbes en *-guer*** gardent le *-u* après le *-g* même lorsqu'il n'est pas rendu nécessaire par la prononciation.

Ex. : **présent → nous naviguons ; imparfait → je naviguais ; passé simple → il navigua.**

2 Verbes en *-yer*

▶ Le *-y* se transforme en *-i* devant un *-e* muet.

Ex. : ***employer*** **: j'emploie (mais nous employons), j'emploierai, j'emploierais ;**
appuyer **: j'appuie (mais nous appuyons), j'appuierai, j'appuierais.**

▶ Les verbes en *-ayer* ont deux écritures possibles :

Ex. : ***payer*** **: je paye/je paie ; je payerai/je paierai ; je payerais/je paierais.**

▶ À l'imparfait, on n'entend pas le *-i* de la terminaison aux deux premières personnes du pluriel.

Ex. : ***essayer*** **: nous essayions, vous essayiez ;**
employer **: nous employions, vous employiez.**

3 *Appeler, jeter* et leurs composés

- Quand on entend le son [e] devant *-l* ou *-t*, la consonne (*-l* ou *-t*) n'est pas doublée.

Ex. : nous appelons, j'appelais, il appela, vous jetez, tu jetais, il jeta.

- Quand on entend le son [è] devant *-l* ou *-t*, la consonne (*-l* ou *-t*) est doublée.

Ex. : j'appelle, j'appellerai, j'appellerais, tu jettes, tu jetteras, tu jetterais.

- Les composés des verbes *appeler* et *jeter* suivent la même règle : *rappeler*, *interpeler*, *rejeter*…

- La plupart des verbes en *-eler* et *-eter* se conjuguent comme *geler* et *acheter*.

Ex. : *geler* : je gèle, nous gelons, je gèlerai…
***acheter* : tu achètes, vous achetez, tu achèteras…**

Je comprends comment faire

Bien conjuguer un verbe en *-eler* et *-eter*

→ S'il s'agit d'*appeler*, de *jeter* ou d'un de leurs composés (*rappeler*, *rejeter*), j'applique les règles ci-dessus.

→ Un certain nombre de verbes (*ensorceler*, *épeler*, *étinceler*, *étiqueter*) peuvent se conjuguer comme *appeler* et *jeter*. Mais depuis la réforme de l'orthographe de 1990, on peut aussi suivre le modèle d'*acheter* et de *geler*.

Bien conjuguer un verbe en *-yer*

→ Quand on entend le son [ill], on met un *-y*.

Ex. : nous envoyons, j'appuyais…

→ Quand on n'entend pas le son [ill], on met un *-i*.

Ex. : j'envoie, j'appuie, j'essuierai, tu emploierais…

Notes

Corrigés p. 130

Je m'entraîne

Brouillon

Exercice 1

Mets au présent de l'indicatif à la 1re personne du singulier et du pluriel les verbes suivants.

a. nager : ……………………………………

b. commencer : ……………………………………

c. ranger : ……………………………………

d. fatiguer : ……………………………………

e. annoncer : ……………………………………

Exercice 2

Mets les verbes au présent de l'indicatif à la 2e personne du singulier et du pluriel.

a. essayer : ……………………………………

b. aboyer : ……………………………………

c. essuyer : ……………………………………

d. envoyer : ……………………………………

e. ennuyer : ……………………………………

Exercice 3

Barre les verbes mal orthographiés et réécris-les.

nous employons – tu essuyes – tu balayes – il envoye – vous nettoyez – ils nettoyent – il paye – j'appuie – il aboye

……………………………………

……………………………………

Exercice 4

Barre les verbes mal orthographiés et réécris-les.

je jète – tu appelles – nous jetons – vous appellez –
ils jettent – ils appèlent – nous appelons –
tu jettes – il appelle – vous jettez

....

....

Exercice 5

Mets les verbes à la 1re personne du singulier du futur et du conditionnel présent.

a. effrayer : ....

b. appuyer : ....

c. nettoyer : ....

d. rappeler : ....

e. rejeter : ....

Exercice 6

Mets les verbes à la 3e personne du singulier à l'imparfait et au passé simple.

a. amorcer : ....

b. ranger : ....

c. appeler : ....

d. employer : ....

e. jeter : ....

Brouillon

Brouillon

Exercice 7

Complète le tableau.

présent	futur	conditionnel présent
j'oublie	....	....
....	....	je tutoierais
je crois	....	....
....	je verrai	....
je contribue	....	....

Exercice 8

Récris les phrases au futur, puis au conditionnel présent.

a. Nous rendons visite à nos grands-parents.

Demain, ...

....

Si nous étions en vacances, ...

....

b. Je monte en haut de la tour de Pise.

Cet été, ...

....

Si je n'avais pas le vertige, ...

....

c. Solène nous aide.

Samedi prochain, ...

Si elle était là, ...

Corrigés des exercices

Exercice 1

a. je nage, nous nageons **b.** je commence, nous commençons
c. je range, nous rangeons **d.** je fatigue, nous fatiguons
e. j'annonce, nous annonçons.

Exercice 2

a. tu essaies (ou essayes), vous essayez **b.** tu aboies, vous aboyez
c. tu essuies, vous essuyez **d.** tu envoies, vous envoyez **e.** tu ennuies, vous ennuyez. Seuls les verbes en *-ayer (essayer)* ont deux possibilités au singulier.

Exercice 3

tu essuies, il envoie, ils nettoient, il aboie. On peut écrire *il paie* ou *il paye*.

Exercice 4

je jette, vous appelez, ils appellent, vous jetez.

Exercice 5

Futur, puis conditionnel présent : **a.** j'effraierai, j'effraierais
b. j'appuierai, j'appuierais **c.** je nettoierai, je nettoierais
d. je rappellerai, je rappellerais **e.** je rejetterai, je rejetterais.

Exercice 6

Imparfait, puis passé simple : **a.** il amorçait, il amorça **b.** il rangeait, il rangea
c. il appelait, il appela **d.** il employait, il employa **e.** il jetait, il jeta.

Exercice 7

présent	futur	conditionnel présent
j'oublie	j'oublierai	j'oublierais
je tutoie	je tutoierai	je tutoierais
je crois	je croirai	je croirais
je vois	je verrai	je verrais
je contribue	je contribuerai	je contribuerais

Exercice 8

a. Demain, nous rendrons visite à nos grands-parents. / Si nous étions en vacances, nous rendrions visite à nos grands-parents.
b. Cet été, je monterai en haut de la tour de Pise. / Si je n'avais pas le vertige, je monterais en haut de la tour de Pise.
c. Samedi prochain, Solène nous aidera. / Si elle était là, Solène nous aiderait.

Les temps composés

Je retiens le cours

1 La formation des temps composés

Notes

▶ Le mode indicatif comporte **quatre temps simples** (présent, futur, imparfait, passé simple) et **quatre temps composés**. Les autres modes ont aussi des temps simples et des temps composés.

▶ Les temps composés sont formés à l'aide des auxiliaires ***avoir*** et ***être*** et du **participe passé** du verbe. Chaque temps simple permet de former un temps composé :

– **présent → passé composé** (l'auxiliaire se met au présent) ;

Ex. : **J'ai dansé, je suis venu(e).**

– **imparfait → plus-que-parfait** (l'auxiliaire se met à l'imparfait) ;

Ex. : **J'avais dansé, j'étais venu(e).**

– **passé simple → passé antérieur** (l'auxiliaire se met au passé simple) ;

Ex. : **J'eus dansé, je fus venu(e).**

– **futur → futur antérieur** (l'auxiliaire se met au futur) ;

Ex. : **J'aurai dansé, je serai venu(e).**

– **conditionnel présent → conditionnel passé** (l'auxiliaire se met au conditionnel présent) ;

Ex. : **J'aurais dansé, je serais venu(e).**

▶ Les temps composés expriment une action qui s'est achevée avant une action au temps simple correspondant.

Ex. : **Elle avait sorti son livre et le lisait.**
→ L'action de sortir le livre est achevée avant que commence celle de lire.

2 Passé composé

Le passé composé se forme avec l'auxiliaire *être* ou *avoir* au présent et le participe passé du verbe conjugué.

Ex. : danser : **j'ai dansé, tu as dansé, il (elle/on) a dansé, nous avons dansé, vous avez dansé, ils (elles) ont dansé.**

Ex. : venir : **je suis venu(e), tu es venu(e), il est venu, elle est venue, nous sommes venu(e)s, vous êtes venu(e)s, ils sont venus, elles sont venues.**

3 Plus-que-parfait

Le plus-que-parfait se forme avec l'auxiliaire *être* ou *avoir* à l'imparfait et le participe passé du verbe conjugué.

Ex. : danser : **j'avais dansé, tu avais dansé, il (elle/on) avait dansé, nous avions dansé, vous aviez dansé, ils (elles) avaient dansé.**

Ex. : venir : **j'étais venu(e), tu étais venu(e), il était venu, elle était venue, nous étions venu(e)s, vous étiez venu(e)s, ils étaient venus, elles étaient venues.**

Je comprends comment faire

Identifier un temps composé

Pour identifier un temps composé, il faut regarder le temps de l'auxiliaire. Par exemple, si l'auxiliaire est au futur, alors le verbe est au futur antérieur.

Ex. : **j'aurai apporté : auxiliaire au futur → verbe au futur antérieur.**
j'avais dit : auxiliaire à l'imparfait → verbe au plus-que-parfait.

Bien orthographier le participe passé

Pour bien orthographier le participe passé d'un verbe conjugué, il faut repérer l'auxiliaire employé. Il peut arriver que l'auxiliaire soit séparé du verbe.

Ex. : **Les pompiers sont très rapidement intervenus.**
sujet — auxiliaire *être* — participe passé

→ Quand le verbe est conjugué avec l'auxiliaire ***avoir***, le participe passé **ne s'accorde pas avec le sujet**.

Ex. : **elle a dormi, ils ont dormi.**

→ Quand le verbe est conjugué avec l'auxiliaire ***être***, le participe **s'accorde avec le sujet**.

Ex. : **elle est allée, ils sont allés.**

Corrigés p. 136

Je m'entraîne

Brouillon

Exercice 1

Surligne l'auxiliaire. À quel temps est chaque verbe ?

a. j'aurai réussi : ....

b. j'ai su : ....

c. je suis arrivée : ....

d. je serai allé : ....

e. j'avais demandé : ....

f. j'aurai entendu : ....

g. j'étais venu : ....

h. j'ai vu : ....

Exercice 2

Mets au passé composé, à la 1re personne du singulier, les verbes suivants.

a. savoir : ....

b. parler : ....

c. faire : ....

d. réviser : ....

e. vouloir : ....

f. chercher : ....

g. voir : ....

h. rédiger : ....

Brouill

Exercice 3

Mets au passé composé, à la 3e personne du masculin pluriel, les verbes suivants. Souligne les participes passés employés avec l'auxiliaire *être* et pense à les accorder.

accorder – décider – arriver – saisir – suivre – partir – proposer – aller – revenir – faire

Exercice 4

Réécris au passé composé les phrases suivantes.

a. Enzo part le premier et mène longtemps la course. Mais il trébuche sur un caillou et tombe.

b. Manon entre dans la maison et monte à l'étage. Quand elle entend des voix, elle part en courant.

Exercice 5

Mets au plus-que-parfait, à la 1re personne du pluriel, les verbes suivants.

a. dire : ....

b. partir : ....

c. vendre : ....

d. connaître : ....

e. rester : ....

f. manger : ....

g. arriver : ....

Exercice 6

Réécris les phrases au plus-que-parfait.

a. Alice demande son chemin.

....

....

b. Noémie sort par la fenêtre.

....

....

c. Nous finissons l'exercice.

....

d. Tu promets de venir au cinéma avec nous !

....

e. Je glisse sur une peau de banane et je tombe.

....

Brouillon

Corrigés des exercices

Exercice 1

a. j'aurai réussi : futur antérieur
b. j'ai su : passé composé
c. je suis arrivée : passé composé
d. je serai allé : futur antérieur
e. j'avais demandé : plus-que-parfait
f. j'aurai entendu : futur antérieur
g. j'étais venu : plus-que-parfait
h. j'ai vu : passé composé.
Pour savoir à quel temps composé est un verbe, il faut regarder le temps de l'auxiliaire et appliquer ce qui est présenté page 119.

Exercice 2

a. j'ai su **b.** j'ai parlé **c.** j'ai fait **d.** j'ai révisé **e.** j'ai voulu **f.** j'ai cherché **g.** j'ai vu **h.** j'ai rédigé.

Exercice 3

ils ont accordé – ils ont décidé – ils sont <u>arrivés</u> – ils ont saisi – ils ont suivi – ils sont <u>partis</u> – ils ont proposé – ils sont <u>allés</u> – ils sont <u>revenus</u> – ils ont fait.

Exercice 4

a. est parti, a mené, a trébuché, est tombé
b. est entrée, est montée, a entendu, est partie.
Quand le verbe se conjugue avec l'auxiliaire *être*, le participe passé s'accorde avec le sujet.

Exercice 5

a. nous avions dit **b.** nous étions parti(e)s **c.** nous avions vendu **d.** nous avions connu **e.** nous étions resté(e)s **f.** nous avions mangé **g.** nous étions arrivé(e)s.

Exercice 6

a. avait demandé **b.** était sortie **c.** avions fini **d.** avais promis **e.** avais glissé, étais tombé(e).

Partie 3

Lecture et écriture

Teste tes connaissances

Coche, pour chaque exercice, la (ou les) bonne(s) réponse(s).
Reporte-toi ensuite aux corrigés, p. 139.

Leçon 21 page 141

1 Le genre qui accorde le plus la priorité au langage est :

a. le théâtre. ☐
b. la poésie. ☐
c. le conte. ☐

2 Lorsqu'un événement anormal n'étonne personne dans un récit, on dit que ce récit est :

a. merveilleux. ☐
b. fantastique. ☐
c. incroyable. ☐

Leçon 22 page 147

3 Un texte narratif est un texte qui :

a. décrit un paysage. ☐
b. raconte une histoire. ☐
c. défend une opinion. ☐

4 Les informations implicites sont :

a. des informations clairement expliquées dans le texte. ☐
b. des informations sous-entendues. ☐
c. des informations inventées par le lecteur. ☐

Leçon 23 page 153

5 À la fin d'une phrase, on peut rencontrer :

a. un point. ☐
b. un point-virgule. ☐
c. un point d'exclamation ou un point d'interrogation. ☐

6 Les deux-points :

a. servent à introduire un élément. ☐
b. peuvent se rencontrer au milieu d'une énumération. ☐
c. peuvent se rencontrer devant une citation. ☐

Leçon 24 page 159

7 L'imparfait permet de :

a. rapporter une habitude. ☐
b. exprimer un enchaînement d'actions dans un récit. ☐
c. décrire un paysage. ☐

8 Le passé simple permet de :

a. faire le portrait d'un personnage. ☐
b. exprimer une action limitée dans le temps. ☐
c. exprimer des actions qui se succèdent. ☐

Leçon 25

page 165

9 On emploie de préférence les guillemets pour :

a. une réplique isolée. ☐
b. un échange de répliques. ☐
c. un récit. ☐

10 La proposition incise :

a. est située avant la réplique. ☐
b. permet d'introduire une réplique. ☐
c. est composée d'un verbe de parole et de son sujet inversé. ☐

Corrigés

1. b – 2. a – 3. b – 4. b – 5. a, c – 6. a, c – 7. a, c – 8. b, c – 9. a – 10. b, c

Les caractéristiques des genres littéraires

Notes

Je retiens le cours

1 Définition

Une œuvre littéraire est une œuvre écrite avec un souci de toucher le lecteur par la beauté du texte. Elle peut être destinée à être lue silencieusement ou prononcée à voix haute (poésie, théâtre).

2 Les œuvres littéraires qui racontent une histoire

- **Le conte est un récit court qui exprime une morale**. L'auteur veut faire passer une leçon au lecteur.

Ex. : **Dans « Cendrillon », on voit que la gentillesse est récompensée.**

→ Dans les contes, il y a des événements merveilleux (impossibles dans la réalité) et des personnages merveilleux (fées, sorcières, ogres…). Ces événements et personnages ne surprennent pas le lecteur.

→ Les personnages des contes sont simplifiés à l'extrême.

Ex. : **Cendrillon est belle et gentille ; ses sœurs sont laides et désagréables.**

- **La fable est un court récit en vers** ; elle transmet une leçon. L'auteur de fables le plus célèbre en France est Jean de La Fontaine. Il a vécu au XVIIe siècle sous le règne de Louis XIV. Ses fables mettent le plus souvent en scène des animaux qui ressemblent aux hommes : « La Cigale et la Fourmi », « Le Corbeau et le Renard »…

- **Le roman est un long récit qui raconte une histoire** plus ou moins imaginaire.

→ Les personnages sont complexes ; ils ont une psychologie, un caractère et ressemblent à des personnes réelles.

→ Le roman nous donne l'illusion que l'histoire est vraie.

3 La poésie

▸ **Un poème cherche à toucher le lecteur avec les mots.**

▸ Dans la poésie traditionnelle, les textes sont en vers. C'est le cas des fables. Les textes suivent des règles : longueur des vers, types de rimes.

▸ Aujourd'hui, les poètes n'obéissent pas nécessairement à des règles ; ils sont libres de faire ce qu'ils veulent. On rencontre des poèmes en **vers libres** (sans règle particulière) ou des **poèmes en prose** (pas de vers).

4 Le théâtre

▸ **Les pièces de théâtre sont destinées à être jouées devant un public** par des comédiens.

▸ Le texte a une forme particulière : les **répliques** (paroles) sont précédées du nom du personnage qui les prononce. Les **didascalies** (indications destinées à la mise en scène) sont en italique.

Ex. : THOMAS : *très en colère* – Que fais-tu ici ?

Notes

Je comprends comment faire

▸ Reconnaître un genre littéraire

Un genre littéraire regroupe les œuvres littéraires qui présentent les mêmes caractéristiques : forme, longueur…

Ex. : conte, fable, roman, poésie…

→ **Si le texte est un dialogue** et que les noms des personnages figurent devant les répliques, il s'agit d'un extrait d'une pièce de théâtre.

→ **Si le texte raconte une histoire :**

– si le récit est en vers et exprime une morale, c'est une **fable** ;

– si le récit exprime une morale, raconte des événements merveilleux, c'est un **conte** ;

– si le récit semble réel et que l'œuvre est longue, c'est un **roman**.

→ **Si le texte est en vers** et/ou utilise le langage de façon originale, c'est un **poème**.

▸ Connaître les principaux types de vers

- L'alexandrin : 12 syllabes.
- Le décasyllabe : 10 syllabes.
- L'octosyllabe : 8 syllabes.

Corrigés p. 146

Je m'entraîne

Brouillon

Exercice 1

Lis le texte, puis réponds aux questions.

SGANARELLE : Non, je te dis que je n'en veux rien faire, et que c'est à moi de parler et d'être le maître.
MARTINE : Et je te dis, moi, que je veux que tu vives à ma fantaisie, et que je ne me suis point mariée avec toi pour souffrir tes fredaines.
SGANARELLE : Oh ! la grande fatigue que d'avoir une femme ! et qu'Aristote a bien raison, quand il dit qu'une femme est pire qu'un démon.

MOLIÈRE, *Le Médecin malgré lui.*

a. À quel genre appartient l'extrait ? Justifie ta réponse.

....

....

....

....

....

b. Coche l'expression qui convient.

Ce passage est une scène d'amour. ☐

Ce passage est une scène de conflit. ☐

Ce passage est une scène de réconciliation. ☐

c. Qu'apprend-on sur les deux personnages ?

....

....

....

....

....

Exercice 2

Lis le texte, puis réponds aux questions.

Elle ne fut pas plus tôt arrivée à la fontaine qu'elle vit sortir du bois une Dame magnifiquement vêtue qui vint lui demander à boire. [...]
« Est-ce que je suis venue ici, lui dit cette brutale orgueilleuse, pour vous donner à boire ? [...] ».
« Vous n'êtes guère honnête, reprit la Fée, sans se mettre en colère, hé bien ! puisque vous êtes si peu obligeante, je vous donne pour don qu'à chaque parole que vous direz, il vous sortira de la bouche ou un serpent ou un crapaud. »

Charles Perrault, « Les Fées », *in Contes de ma mère l'Oye*.

a. À quel genre appartient l'extrait ? Justifie ta réponse.

b. Où se situe l'action ?

c. Quel personnage exprime sa colère ?

d. Qu'apprend-on au sujet de la Fée ?

Brouillon

Brouillon

Exercice 3

Lis le texte, puis réponds aux questions.

Une Grenouille vit un Bœuf
Qui lui sembla de belle taille.
Elle, qui n'était pas grosse en tout comme un œuf,
Envieuse, s'étend, et s'enfle, et se travaille,
Pour égaler l'animal en grosseur,
Disant : « Regardez bien, ma sœur ;
Est-ce assez ? dites-moi ; n'y suis-je point encore ?
– Nenni. – M'y voici donc ? – Point du tout. – M'y voilà ?
– Vous n'en approchez point. » La chétive pécore
S'enfla si bien qu'elle creva.
Le monde est plein de gens qui ne sont pas plus sages :
Tout bourgeois veut bâtir comme les grands seigneurs,
Tout petit prince a des ambassadeurs,
Tout marquis veut avoir des pages.

Jean DE LA FONTAINE, « La Grenouille qui veut se faire aussi grosse que le Bœuf », in *Fables*.

a. À quel genre appartient l'extrait ? Justifie ta réponse.

…………………………………………………………………………………………

…………………………………………………………………………………………

…………………………………………………………………………………………

b. Complète les phrases.

Le vers 1 est un …………………………………… .

Le vers 11 est un …………………………………… .

Le vers 13 est un …………………………………… .

La morale va du vers ………………… au vers ………………… .

c. Quel défaut La Fontaine dénonce-t-il dans cette fable ?

…………………………………………………………………………………………

…………………………………………………………………………………………

…………………………………………………………………………………………

…………………………………………………………………………………………

Corrigés des exercices

Exercice 1

a. Il s'agit d'un texte de théâtre : c'est un dialogue ; le nom des personnages est indiqué devant les répliques.
b. Ce passage est une scène de conflit.
c. On apprend que les deux personnages sont mariés et qu'ils sont tous les deux autoritaires, comme en témoigne la répétition de « *Je veux* ». On apprend que Martine ne suporte plus le mauvais comportement *(« fredaines »)* de son mari.

Exercice 2

a. Il s'agit d'un texte narratif appartenant au genre du conte ; les éléments merveilleux (le don, la fée) ne surprennent pas.
b. L'action se déroule dans un bois près d'une fontaine.
c. La jeune fille est en colère parce qu'elle ne veut pas rendre service à la Dame.
d. La Fée a pris l'apparence d'une femme de haut rang : « *une Dame magnifiquement vêtue* ». Elle apparaît soudain sans qu'on sache d'où elle vient et si elle a des pouvoirs magiques. Elle se montre calme : « *sans se mettre en colère* ».

Exercice 3

a. Le texte appartient au genre de la fable : une histoire, des vers, une morale.
b. Le vers 1 est un octosyllabe (8 syllabes). Le vers 11 est un alexandrin (12 syllabes). Le vers 13 est un décasyllabe (10 syllabes). La morale va du vers 11 au vers 14.
c. Dans cette fable, La Fontaine dénonce la jalousie, l'envie *(« Envieuse »).* Dans la morale, il prend des exemples dans la société de son temps en critiquant ceux qui veulent paraître ce qu'ils ne sont pas et qui ne savent pas se contenter de ce qu'ils ont et sont.

SÉANCE DU ....

Leçon 22

Lecture et écriture

Notes

Étudier un texte

Je retiens le cours

1 Les types de textes

▶ **Un texte narratif** raconte une histoire réelle ou imaginaire. On peut relever des verbes d'action, des indices temporels, des personnages qui agissent. Dans un texte narratif, il se passe quelque chose.

Ex. : **Alice aperçut un lapin très pressé ; alors elle se leva et le suivit.**

▶ **Un texte descriptif** décrit un paysage, un objet, un animal, une personne. On relève des indicateurs de lieu qui permettent de situer les éléments et des précisions sur ces éléments. Le texte descriptif est comme un arrêt sur image.

Ex. : **Les yeux d'Alice étaient fermés et sa tête inclinée ; à côté d'elle un livre était abandonné.**

▶ **Un texte explicatif** donne des informations. Il peut s'agir d'une recette, d'un mode d'emploi, d'un article d'encyclopédie.

Ex. : **Pour obtenir une pâte légère, battez énergiquement les jaunes d'œuf et le sucre.**

▶ **Un texte argumentatif** cherche à faire partager une opinion.

Ex. : **Si vous votez pour moi, je serai un délégué à votre écoute.**

2 L'explicite et l'implicite

▶ **Les informations explicites** sont celles que l'on peut comprendre immédiatement : les noms des personnages, ce qu'ils font.

▶ **Les informations implicites** sont celles que l'on doit déduire de la lecture du texte : les sentiments d'un personnage, les intentions de l'auteur.

Ex. : **« Tu as toujours les vêtements les plus beaux ! » dit Marine à sa sœur Joséphine.**

Informations explicites : le nom des deux personnages et leur lien de parenté ; Joséphine a de beaux vêtements.

Information implicite : Marine est jalouse de Joséphine.

Je comprends comment faire

Comprendre un texte

→ En premier lieu, il faut dégager les **informations explicites** : qui sont les personnages ? Que font-ils ? De quoi parlent-ils ? Quelle est la situation au début du texte ? Quelle est la situation à la fin ? Que s'est-il passé entre-temps ? Où se situe l'action ? À quelle époque ?

→ Il faut ensuite approfondir la lecture et dégager les **informations implicites** : quel est le caractère des personnages ? Pourquoi agissent-ils ainsi ? Quelle impression se dégage du texte ? Qu'a voulu faire l'auteur en écrivant ce passage ?

Répondre à l'écrit à une question sur un texte

À l'écrit, il faut soigneusement rédiger la réponse à la question posée :

– il faut reprendre les mots de la question dans la première phrase de la réponse ;

Ex. : **Où habitent Léa et Jeanne ? → Léa et Jeanne habitent à…**

– la réponse doit être justifiée par des citations. Chaque citation doit être placée entre guillemets.

Identifier le type de texte

→ Il ne faut pas confondre :

• **le texte explicatif**, dans lequel l'auteur se contente de donner des informations ;

• **le texte argumentatif**, dans lequel l'auteur cherche à nous faire partager sa façon de penser. Le lecteur n'est pas obligé d'être d'accord avec lui.

→ Dans un même genre littéraire, on peut rencontrer des textes différents. Dans un roman, on peut lire des passages narratifs et des passages descriptifs.

→ La **fable** et le **conte** sont des genres à la fois narratifs et argumentatifs : ils racontent une histoire et transmettent une leçon (morale).

Notes

Corrigés p. 152

Brouillon

Je m'entraîne

Exercice 1

Indique ce qui ne convient pas dans chacune des réponses aux questions suivantes.

a. « Pourquoi Cendrillon est-elle triste que ses sœurs partent au bal ? »

1. Parce qu'elle voudrait y aller aussi.

....

2. Elle est triste que ses sœurs partent au bal parce qu'elle voudrait y aller aussi.

....

b. « Pourquoi le loup remarque-t-il le Petit Chaperon rouge ? »

1. Le loup remarque le Petit Chaperon rouge dans les bois.

....

2. Elle porte un vêtement rouge.

....

3. Le Petit Chaperon rouge un vêtement qui attire le regard.

....

c. « Combien de temps la Belle au bois dormant dort-elle ? »

1. Quand la Belle au bois dormant s'endort, elle a cent ans.

....

2. Elle dort durant cent ans, jusqu'à l'arrivée du prince.

....

3. La Belle au boit dorman dore cent an.

....

Exercice 2

Lis le texte, puis réponds aux questions.

La Poule aux œufs d'or

L'avarice perd tout en voulant tout gagner.
Je ne veux, pour le témoigner,
Que celui dont la Poule, à ce que dit la Fable,
Pondait tous les jours un œuf d'or.
Il crut que dans son corps elle avait un trésor.
Il la tua, l'ouvrit, et la trouva semblable
À celles dont les œufs ne lui rapportaient rien,
S'étant lui-même ôté le plus beau de son bien.
Belle leçon pour les gens chiches :
Pendant ces derniers temps, combien en a-t-on vus
Qui du soir au matin sont pauvres devenus
Pour vouloir trop tôt être riches ?

Jean de La Fontaine, « La Poule aux œufs d'or », in *Fables*.

a. Qui est le personnage principal du texte ?

b. La poule est-elle un animal ordinaire ? Justifie ta réponse en citant le texte.

c. Que fait le personnage dans le texte ?

d. Pourquoi le personnage tue-t-il sa poule ?

Brouillo

Exercice 3

Réponds aux questions après avoir relu attentivement le texte de l'exercice 2. Rédige soigneusement tes réponses.

a. Que sait-on du caractère du personnage principal ?

....

....

....

....

....

b. Surligne les vers qui expriment la morale. Que veut dire l'auteur dans ce texte ?

....

....

....

....

....

....

Exercice 4

À quel genre appartient le texte de l'exercice 2 ? Justifie ta réponse.

....

....

....

....

Brouillon

Corrigés des exercices

Exercice 1

a. 1. La phrase est incorrecte ; c'est une proposition subordonnée sans proposition principale. 2. On ne sait pas qui est « *Elle* ». Il faut reprendre les mots de la question au début de la réponse.

b. 1. La phrase ne répond pas à la question posée (le lieu au lieu de la cause).
2. La réponse commence par « *Elle* » et on ne sait pas de qui il s'agit.
3. La phrase est incorrecte, car il manque le verbe « *porte* ».

c. 1. La réponse ne correspond pas à la question posée (l'âge au lieu de la durée) et elle est fausse.
2. La réponse est précise mais elle commence par « *Elle* » et on ne sait pas de qui il s'agit.
3. La réponse est mal orthographiée : « *La Belle au bois dormant dort cent ans.* ».

Exercice 2

a. L'avare est le personnage principal du texte.
b. La poule n'est pas un animal ordinaire car elle « *pondait tous les jours un œuf d'or* ».
c. Dans le texte, le personnage tue sa poule et l'ouvre.
d. Le personnage tue sa poule parce qu'il imagine qu'elle contient un trésor et qu'il pourra le récupérer en la tuant. Il ne peut se contenter d'un œuf en or par jour, il veut davantage au risque de tout perdre.

Exercice 3

a. Le personnage aime l'or ; il ne se contente pas de ce qu'il a et veut être plus riche.
b. On surligne les vers 9 à 12. La Fontaine critique ceux qui aiment l'argent au point de prendre des risques.

Exercice 4

Le texte de La Fontaine est une fable ; c'est un récit en vers qui exprime une morale.

Comprendre et utiliser la ponctuation

Je retiens le cours

Notes

À l'écrit, pour transcrire les intonations et les pauses de la voix, on a recours à la **ponctuation**.

1 Les signes de ponctuation en fin de phrase

▶ Les signes de ponctuation **en fin de phrase** marquent une pause importante dans un texte. Ils sont suivis d'une **majuscule**.

▶ Les différents points à l'écrit traduisent des intonations particulières à l'oral.

• **Le point (.)** marque la fin d'une phrase sans intonation particulière.

Ex. : **Il pleut. Nous décidons de sortir quand même.**

• **Le point d'interrogation (?)** exprime une question.

Ex. : **Quand viens-tu nous voir ?**

• **Le point d'exclamation (!)** exprime un sentiment, une émotion ou une sensation. Il accompagne parfois une interjection (hélas ! oh !).

Ex. : **Quelle merveilleuse idée !**

• **Les points de suspension (...)** indiquent que la phrase est inachevée et que c'est au lecteur de deviner ou d'imaginer la suite.

Ex. : **Il achète du beurre, du sucre, du miel...**

Les points de suspension peuvent aussi s'utiliser au milieu d'une phrase.

Ex. : **Il veut... la lune !**

2 Les signes de ponctuation à l'intérieur de la phrase

▶ **Le point-virgule (;)** marque une pause importante à l'intérieur de la phrase ; on peut presque toujours le remplacer par un point.

Ex. : **Il pleut ; nous décidons de sortir quand même.**

Le point-virgule n'est jamais suivi d'une majuscule.

▶ **Les deux-points (:)** introduisent une explication, une énumération, une citation…

Ex. : a, e, i, o, u, y **: ce sont les voyelles.**

▶ **La virgule (,)** marque une pause légère entre deux éléments de la phrase.

Ex. : **Il voudrait du pain, du beurre et de la confiture.**

▶ **Les guillemets (« ») et le tiret (–)** sont utilisés dans le dialogue (voir page 165).

Je comprends comment faire

▶ Ne pas oublier la ponctuation

→ Un texte sans ponctuation, ou mal ponctué, est incompréhensible. Lorsque tu écris un texte, évite de faire des phrases trop longues. Écris plutôt des phrases simples (un seul verbe conjugué). Par exemple, coupe ton texte par un point tous les dix ou quinze mots, de manière correcte.

→ Lorsque la phrase est interrogative, pense à mettre un point d'interrogation à la fin.

→ N'oublie pas la majuscule après un point, un point d'interrogation ou un point d'exclamation.

▶ Bien utiliser la virgule

La virgule permet de détacher certains groupes ou d'énumérer plusieurs éléments.

Ex. : **Pour mon contrôle de maths, j'aurai besoin d'un stylo rouge, d'un stylo noir, d'un stylo vert, d'une équerre et d'un compas.**
→ La première virgule détache le complément « Pour mon contrôle de maths ».
→ Les trois virgules suivantes séparent les éléments d'une énumération (liste).

Notes

Corrigés p. 158

Brouillon

Je m'entraîne

*Les textes des exercices 1 à 3 sont adaptés de l'*Odyssée *d'Homère qui raconte les aventures d'Ulysse au retour de la guerre de Troie.*

Exercice 1

Dans le texte suivant, ajoute les points qui manquent.

Ulysse voudrait bien voir les Cyclopes qui habitent l'île sur laquelle il vient de débarquer Mais ses compagnons lui conseillent de repartir sans avoir vu les dangereux géants Ils disent à Ulysse de reprendre la mer Ulysse n'écoute pas les conseils et il est orgueilleux Il décide donc de pénétrer dans l'antre d'un des Cyclopes et d'attendre son retour Ses compagnons sont avec lui et insistent pour qu'Ulysse s'en aille Rien à faire Ulysse est aussi obstiné qu'il est curieux Le Cyclope entre dans la grotte avec son troupeau de moutons Il roule derrière lui une énorme pierre à l'entrée de l'antre Ulysse et ses compagnons sont enfermés avec le géant

Exercice 2

Dans le texte suivant, ajoute les points qui manquent et effectue les modifications nécessaires. (Pense aux majuscules !)

Le Cyclope découvre Ulysse et ses compagnons il se précipite sur un des marins et le dévore, puis il s'adresse à Ulysse et lui demande son nom Ulysse répond qu'il se nomme Personne et il insiste auprès du géant pour que ce dernier leur donne l'hospitalité que l'on doit aux voyageurs pour toute réponse, le Cyclope Polyphème dévore d'autres compagnons tous sont terrorisés Ulysse réfléchit et prépare un plan il fait boire le géant qui s'endort rapidement alors, Ulysse et ses compagnons taillent un grand pieu et l'enfoncent dans l'œil du Cyclope celui-ci, devenu aveugle, pousse des cris et tente, en vain, de trouver dans la grotte les marins qui l'ont blessé

Exercice 3

Dans le texte suivant, ajoute les virgules nécessaires.

Le géant déplace la pierre qui bloque l'entrée puis il se tient devant l'ouverture de la grotte ; blessé il crie soupire tape des pieds et alerte ainsi les autres Cyclopes. Ces derniers lui demandent : « Qui t'a ainsi blessé ? » Et Polyphème répond : « C'est Personne c'est Personne ! » Et les géants ajoutent alors : « Si c'est personne nous ne pouvons rien pour toi ! » et ils s'en vont. Furieux abandonné par ses amis et vexé Polyphème reste à l'entrée de l'antre pour attraper les marins qui voudraient sortir. Mais Ulysse est rusé…

Exercice 4

Dans les phrases suivantes, inscris dans les cases la ponctuation qui convient.

a. Charles Perrault a écrit de nombreux contes ☐ Le Petit Chaperon rouge ☐ Peau d'Âne ☐ Le Chat botté ☐

b. Le professeur demanda ☐ « Qui veut réciter la fable ☐ »

c. Nos voisins élèvent chez eux deux chiens ☐ trois chats ☐ quatre tourterelles et cinq boas ☐

d. Après avoir récité la fable ☐ Audrey retourna à sa place ☐

e. Hélas ☐ les Martiens ne nous ont pas apporté les bonbons qu'ils nous avaient promis ☐ Pourquoi ☐

Brouillon

Exercice 5

Dans le texte suivant, inscris dans les cases la ponctuation qui convient. Attention ! Ce texte est en vers, et l'usage est de mettre une majuscule au début de chaque vers : les majuscules en tête de vers ne marquent pas le début d'une phrase.

Le Corbeau et le Renard

1. Maître Corbeau ☐ sur un arbre perché ☐
2. Tenait en son bec un fromage ☐
3. Maître Renard ☐ par l'odeur alléché ☐
4. Lui tint à peu près ce langage ☐
5. Et bonjour ☐ Monsieur du Corbeau,
6. Que vous êtes joli ☐ que vous me semblez beau ☐
7. Sans mentir ☐ si votre ramage
8. Se rapporte à votre plumage ☐
9. Vous êtes le Phénix des hôtes de ces bois ☐
10. À ces mots le Corbeau ne se sent pas de joie,
11. Et pour montrer sa belle voix ☐
12. Il ouvre un large bec ☐ laisse tomber sa proie.
13. Le Renard s'en saisit, et dit ☐ Mon bon Monsieur ☐
14. Apprenez que tout flatteur
15. Vit aux dépens de celui qui l'écoute ☐
16. Cette leçon vaut bien un fromage sans doute ☐
17. Le corbeau honteux et confus
18. Jura ☐ mais un peu tard ☐ qu'on ne l'y prendrait plus ☐

Jean de La Fontaine, *Fables* (Livre I).

Brouillon

Corrigés des exercices

Exercice 1

[…] débarquer. Mais […] géants. Ils […] mer. Ulysse […] orgueilleux. Il […] retour. Ses compagnons […] aille. Rien à faire. Ulysse […] curieux. Le Cyclope […] moutons. Il […] l'antre. Ulysse […] géant.

Exercice 2

Le Cyclope […] compagnons. Il […] nom. Ulysse […] voyageurs. Pour […] compagnons. Tous sont terrorisés. Ulysse […] plan. Il […] rapidement. Alors, […] Cyclope. Celui-ci […] blessé.

Exercice 3

Le géant […] entrée, puis […] blessé, il crie, soupire, tape des pieds […] Personne, c'est Personne […] personne, nous ne […] Furieux, abandonné […] vexé, Polyphème […].

Exercice 4

a. : , , .   **b.** : ?   **c.** , , .   **d.** , .   **e.** ! . ?

Exercice 5

Maître Corbeau, sur un arbre perché,
Tenait en son bec un fromage.
Maître Renard, par l'odeur alléché,
Lui tint à peu près ce langage :
Et bonjour, Monsieur du Corbeau,
Que vous êtes joli ! que vous me semblez beau !
Sans mentir, si votre ramage
Se rapporte à votre plumage,
Vous êtes le Phénix des hôtes de ces bois.
À ces mots le Corbeau ne se sent pas de joie,
Et pour montrer sa belle voix,
Il ouvre un large bec, laisse tomber sa proie.
Le Renard s'en saisit, et dit : Mon bon Monsieur,
Apprenez que tout flatteur
Vit aux dépens de celui qui l'écoute.
Cette leçon vaut bien un fromage sans doute.
Le Corbeau honteux et confus
Jura, mais un peu tard, qu'on ne l'y prendrait plus.

La ponctuation du corrigé est celle choisie par La Fontaine lui-même ; mais il n'est pas absurde de mettre un point d'exclamation après « *bois* » et « *sans doute* ».

Écrire un récit au passé

Je retiens le cours

▸ À l'écrit, les deux principaux temps du récit sont l'imparfait et le passé simple.

▸ Le passé simple est un temps qu'on n'utilise pas à l'oral : quand on parle, on raconte au passé composé et à l'imparfait.

Notes

1 L'imparfait

L'imparfait sert à exprimer une action qui **n'est pas limitée dans le temps** : on ne sait pas quand l'action a commencé, ni quand elle va s'achever. L'imparfait est donc employé pour :

– décrire une scène, un paysage, un personnage… ;

Ex. : **Les montagnes se dressaient au loin, majestueuses.**

– exprimer une habitude ou une action qui se répète ;

Ex. : **Chaque soir, il se couchait de bonne heure.**

– exposer une action secondaire (arrière-plan).

Ex. : **Je dormais quand l'orage éclata.**

2 Le passé simple

Au contraire de l'imparfait, le passé simple sert à exprimer une action **limitée dans le temps**. C'est pourquoi il est utilisé pour :

– exprimer une action qui se produit à un moment précis ;

Ex. : **À dix heures, il alla se coucher.**

– exprimer des actions qui s'enchaînent les unes aux autres.

Ex. : **Il alla se changer, puis sortit dans le jardin.**

Je comprends comment faire

Bien conjuguer les temps du passé

Il faut surtout veiller à la conjugaison du passé simple *(voir leçon 18)*, car c'est un temps qu'on n'utilise pas à l'oral. Il ne faut pas oublier que seuls les verbes du 1er groupe ont des terminaisons en *-ai*, *-as*, *-a*, *-âmes*, *-âtes*, *-èrent* au passé simple.

Raconter une histoire à l'écrit

→ Ton histoire doit être cohérente : ne modifie pas le nom des personnages ou leur caractère en cours de route. Indique clairement le déroulement des faits en utilisant des indices temporels : *puis, au bout d'une semaine, un mois plus tard…*

→ Ton histoire doit être intéressante : ne multiplie pas les péripéties et détaille ce que tu racontes pour que ton lecteur puisse imaginer la scène.

→ Ton récit doit être soigneusement rédigé pour être agréable à lire : relis-le attentivement. Vérifie les accords, les homophones grammaticaux *(a/à, et/est, ce/se…)*, la ponctuation et les majuscules.

→ Dans un récit au passé, **il ne faut pas mélanger le présent et le passé** : seuls les verbes conjugués dans les répliques prononcées par les personnages peuvent être au présent.

Connaître les autres temps du récit au passé

→ Quand on veut mentionner une action qui s'est déroulée avant les événements que l'on raconte au passé, on utilise le plus-que-parfait.

Ex. : **Thomas se réveilla avec des courbatures. La veille, il avait scié des bûches tout l'après-midi.**

→ Quand on veut mentionner une action qui s'est déroulée après les événements que l'on raconte au passé, on utilise le conditionnel présent (futur dans le passé).

Ex. : **Thomas promit qu'il rangerait sa chambre le lendemain.**

Notes

Corrigés p. 164

Je m'entraîne

Brouillon

Exercice 1

Dans cet extrait du conte « Les Fées » de Charles Perrault, écris les verbes entre parenthèses à l'imparfait.

Il *(être)* .... une fois une veuve qui *(avoir)* ....

deux filles ; l'aînée lui *(ressembler)* ....

si fort et d'humeur et de visage, que qui la *(voir)* ....

(voir) .... la mère.

Exercice 2

Réécris les verbes au passé simple.

a. il regarde : ....

b. il prend : ....

c. il écoute : ....

d. il veut : ....

e. il voit : ....

Exercice 3

Écris les verbes entre parenthèses au passé simple.

a. Les navigateurs *(quitter)* .... le port et *(gagner)* .... rapidement le large.

b. Maeva *(sortir)* .... du collège à 16 h et *(attendre)* .... le bus avec ses amis.

c. Jules *(ouvrir)* .... la porte et *(apercevoir)* .... un dinosaure dans le salon.

Exercice 4

Dans les couples de phrases suivants, souligne la phrase correcte.

a. Il faisait nuit lorsque nous nous levâmes.

Il fit nuit lorsque nous nous levions.

b. Je renonçai à sortir, car il neigeait trop.

Je renonçais à sortir, car il neigea trop.

c. Ce jour-là, j'ouvris la fenêtre et me penchai au-dehors.

Ce jour-là, j'ouvrais la fenêtre et me penchais au-dehors.

d. À minuit, je me levai et me précipitai dans le couloir.

À minuit, je me levais et me précipitai dans le couloir.

e. Quand j'étais petit, je n'aimai pas le poisson.

Quand j'étais petit, je n'aimais pas le poisson.

Exercice 5

Écris le récit en mettant les propositions dans le bon ordre.

et se précipita vers la forêt – Tom s'avança vers lui – Soudain, un extraterrestre apparut sur le chemin – Tom entendit un bruit – Il se leva de son lit

....

....

....

....

....

....

....

Brouillo

Brouillon

Exercice 6

Réécris les phrases suivantes au passé en choisissant, pour les verbes, le passé simple ou l'imparfait.

a. Tous les hivers, nous allons chercher du bois pour faire un feu dans la cheminée.

....

....

....

b. À dix ans, Mozart est déjà un grand musicien.

....

....

c. À 15 heures précises, la soucoupe décolle et un bruit étrange se fait entendre.

....

....

....

d. À ce moment-là, la sonnerie retentit et tous les élèves rangent précipitamment leurs affaires.

....

....

....

e. Alors, je décide de sortir malgré la neige.

....

....

Corrigés des exercices

Exercice 1

était, avait, ressemblait, voyait, voyait.

Exercice 2

a. il regarda **b.** il prit **c.** il écouta **d.** il voulut **e.** il vit.

Exercice 3

a. quittèrent, gagnèrent **b.** sortit, attendit **c.** ouvrit, aperçut.

Exercice 4

a. Il faisait nuit lorsque nous nous levâmes.
b. Je renonçai à sortir, car il neigeait trop.
c. Ce jour-là, j'ouvris la fenêtre et me penchai au-dehors.
d. À minuit, je me levai et me précipitai dans le couloir.
e. Quand j'étais petit, je n'aimais pas le poisson.

Exercice 5

Tom entendit un bruit. Il se leva de son lit et se précipita vers la forêt. Soudain, un extraterrestre apparut sur le chemin ; Tom s'avança vers lui.

Exercice 6

a. allions **b.** était **c.** décolla, se fit **d.** retentit, rangèrent **e.** décidai.
On remarquera que le verbe *retentir* est, au singulier, identique au présent et au passé simple de l'indicatif.

Écrire un dialogue

Notes

Je retiens le cours

1 La ponctuation

Dans un récit, les paroles des personnages sont signalées par des signes de ponctuation.

▶ **Les deux-points (:)** introduisent la parole.

Ex. : **Il dit : « Entrez. »**

▶ **Les guillemets (« »)** se placent au début et à la fin d'une réplique.

▶ **Le tiret (–)** se place au début de la ligne, juste avant la réplique qu'il signale.

2 Le temps des verbes

Dans les paroles des personnages, on utilise surtout le **présent et le passé composé**.

Ex. : **« Hier, je suis allée au cinéma », expliqua Noémie.**

suis allée : passé composé → temps du dialogue

expliqua : passé simple → temps du récit

3 L'introduction des répliques

▶ Dans les **pièces de théâtre**, les répliques sont simplement précédées du nom du personnage qui les prononce.

Ex. : **Sganarelle : Ah ! je suis médecin, sans contredit.**
(Molière, *Le Médecin malgré lui.*)

▶ Dans le dialogue **inséré dans un récit**, on utilise une proposition composée d'un sujet et d'un verbe de parole qui introduit la réplique.

1. Cette proposition peut être située **avant la réplique**.

Ex. : **Ma mère me demanda : « Que fais-tu ? »**

2. Elle peut aussi être située au milieu ou à la fin de la réplique ; c'est une **proposition incise** et le sujet est inversé.

Ex. : **– À quoi penses-tu ? me demanda ma mère.**

↑ proposition incise

Je comprends comment faire

Notes

Bien faire attention à la ponctuation

→ On utilise **les guillemets** quand il n'y a qu'une seule parole.

→ On emploie **le tiret** pour un échange de plusieurs paroles.

→ Il ne faut pas oublier les points d'interrogation ou d'exclamation à la fin des répliques si nécessaire.

→ Il faut aussi penser à mettre un tiret au début de chaque réplique et aller à la ligne quand elle est terminée.

Ex. : **– Que faisiez-vous cet été ? demanda la fourmi.**
– Je chantais, expliqua la cigale.

→ La **proposition incise** ne commence jamais par une majuscule. Elle n'est jamais précédée d'un point. Quand tu as envie de mettre un point, c'est une virgule qu'il faut mettre.

Ex. : **Au théâtre → Lise : Je suis d'accord avec vous.**
Dans un récit → – Je suis d'accord avec vous, assura Lise.

Écrire un dialogue vivant

→ Pour rendre le dialogue plus vivant, il est préférable de ne pas toujours utiliser le verbe *dire* et de **varier les verbes introducteurs** : *demander, reprendre, répliquer, répéter, s'étonner, ordonner, murmurer, hurler, crier, rétorquer…*

Ex. : **– Ce n'est pas vrai, protesta Jérémie.**

Ces verbes expriment le ton de la réplique. Ils peuvent être accompagnés par des compléments qui précisent l'état d'esprit du personnage ou un mouvement.

Ex. : **Il n'en est pas question ! hurla Rebecca *en se levant brusquement de sa chaise.***
Jamais je ne pourrai vous oublier, murmura Marine *au bord des larmes.*

→ Pour réussir un dialogue inséré dans un récit, il faut alterner le récit et les paroles, varier la longueur des répliques.

Je m'entraîne

Corrigés p. 170

Brouillon

Exercice 1

Dans le dialogue qui suit, il manque deux signes de ponctuation. Ajoute-les.

– Mon oncle a un bateau, il pourra nous le prêter, affirma Sophie.

– Tu crois demanda François.

– Oui, je sais m'en servir ; j'ai déjà fait des croisières, répondit Sophie.

– Et puis, ce n'est pas pour aller bien loin, ajouta Frédéric

Exercice 2

Charles Perrault n'a pas mis de guillemets. Surligne les paroles des personnages et ajoute les guillemets pour rendre cet extrait de *Cendrillon* plus lisible.

Sa marraine la [Cendrillon] mena dans sa chambre et lui dit : Va dans le jardin et apporte-moi une citrouille. Cendrillon alla aussitôt cueillir la plus belle qu'elle put trouver et la porta à sa marraine.

[…] Ensuite elle [la marraine] alla regarder dans la souricière où elle trouva six souris toutes en vie ; elle dit à Cendrillon de lever un peu la trappe de la souricière et à chaque souris qui sortait, elle lui donnait un coup de baguette et la souris était changée en un beau cheval. […] Comme elle était en peine de quoi elle ferait un cocher : Je vais voir, dit Cendrillon, s'il n'y a point quelque rat dans la ratière […]. Tu as raison, dit sa marraine, va voir. Cendrillon lui apporta la ratière.

Exercice 3

Numérote dans l'ordre les répliques du dialogue suivant. Ce dialogue entre trois amis commence par une question.

☐ a. – La carte était-elle bien lisible ? interrogea à nouveau Mehdi.

☐ b. – Mais non, reprirent les autres en chœur, nous partons avec toi.

☐ c. – Dans une bouteille sur la plage, répondit Léo.

☐ d. – Mais si, je t'assure ! J'ai ramassé une curieuse bouteille sur la plage, reprit Léo, elle paraissait très vieille ; je l'ai ouverte et il y avait une carte.

☐ e. – Où as-tu découvert la carte du trésor ? demanda Mehdi.

☐ f. – Tu plaisantes ; c'est dans les romans qu'on trouve des bouteilles contenant une carte, pas sur les plages ! s'exclama Jules.

☐ g. – Oui, c'est la carte du trésor telle que je vous l'ai montrée ! dit Léo en s'impatientant. Mais, si vous ne voulez pas me croire, je partirai tout seul à la recherche du fabuleux coffre !

Brouillon

Brouillon

Exercice 4

Relie chacune des répliques suivantes à la proposition incise qui convient.

répliques	*propositions incises*
a. Où vas-tu ? •	• 1. accusa Pierre.
b. Mais je n'ai jamais dit cela ! •	• 2. fredonna Pierre.
c. À la claire fontaine… •	• 3. s'étonna Pierre.
d. Je vais te dire un secret… •	• 4. s'exclama Pierre.
e. C'est lui qui a cassé l'assiette. •	• 5. murmura Pierre.
f. Quelle bonne surprise ! •	• 6. protesta Pierre.
g. Tu viens de Mars ? •	• 7. demanda Pierre.

Exercice 5

Remplace le verbe *dire* entre parenthèses par un verbe de la liste.

rétorqua – annonça – s'exclama – ajouta – demanda

a. Cendrillon, nous avons une bonne nouvelle pour toi, *(dit)* .... l'aînée des deux sœurs.

b. Quelle est-elle ? *(dit)* .... l'innocente jeune fille.

c. Nous allons au bal ! *(dit)* .... la cadette.

d. Et tu n'iras pas, *(dit)* .... méchamment la plus grande. Puis elles éclatèrent toutes les deux de rire.

e. Et pourquoi pas ? *(dit)* .... Cendrillon.

Corrigés des exercices

Exercice 1

– Mon oncle a un bateau, il pourra nous le prêter, affirma Sophie.
– Tu crois ? demanda François.
– Oui, je sais m'en servir ; j'ai déjà fait des croisières, répondit Sophie.
– Et puis, ce n'est pas pour aller bien loin, ajouta Frédéric.

Exercice 2

« Va dans le jardin et apporte-moi une citrouille. »
« Je vais voir, dit Cendrillon, s'il n'y a pas quelque rat dans la ratière. »
« Tu as raison, dit sa marraine, va voir. »
Lorsqu'on n'entend pas parler le personnage, lorsque sa parole est simplement résumée, on ne met pas de guillemets. *Exemple :* Elle dit à Cendrillon de lever un peu la trappe…
À condition d'aller à la ligne, on peut aussi utiliser des tirets pour ponctuer le dialogue.

Exercice 3

a. 5 **b.** 7 **c.** 2 **d.** 4 **e.** 1 **f.** 3 **g.** 6.

Exercice 4

a. 7 **b.** 6 **c.** 2 **d.** 5 **e.** 1 **f.** 4 **g.** 3.

Exercice 5

a. annonça **b.** demanda **c.** s'exclama **d.** ajouta **e.** rétorqua.

Tableaux de conjugaison

- Temps simples de l'indicatif et du conditionnel
- Temps composés de l'indicatif et du conditionnel

Temps simples

	Indicatif				Conditionnel
	Présent	Imparfait	Passé simple	Futur	Présent
Être	je suis tu es il, elle est nous sommes vous êtes ils, elles sont	j'étais tu étais il, elle était nous étions vous étiez ils, elles étaient	je fus tu fus il, elle fut nous fûmes vous fûtes ils, elles furent	je serai tu seras il, elle sera nous serons vous serez ils, elles seront	je serais tu serais il, elle serait nous serions vous seriez ils, elles seraient
Avoir	j'ai tu as il, elle a nous avons vous avez ils, elles ont	j'avais tu avais il, elle avait nous avions vous aviez ils, elles avaient	j'eus tu eus il, elle eut nous eûmes vous eûtes ils, elles eurent	j'aurai tu auras il, elle aura nous aurons vous aurez ils, elles auront	j'aurais tu aurais il, elle aurait nous aurions vous auriez ils, elles auraient
Chanter	je chante tu chantes il, elle chante nous chantons vous chantez ils, elles chantent	je chantais tu chantais il, elle chantait nous chantions vous chantiez ils, elles chantaient	je chantai tu chantas il, elle chanta nous chantâmes vous chantâtes ils, elles chantèrent	je chanterai tu chanteras il, elle chantera nous chanterons vous chanterez ils, elles chanteront	je chanterais tu chanterais il, elle chanterait nous chanterions vous chanteriez ils, elles chanteraient
Finir	je finis tu finis il, elle finit nous finissons vous finissez ils, elles finissent	je finissais tu finissais il, elle finissait nous finissions vous finissiez ils, elles finissaient	je finis tu finis il, elle finit nous finîmes vous finîtes ils, elles finirent	je finirai tu finiras il, elle finira nous finirons vous finirez ils, elles finiront	je finirais tu finirais il, elle finirait nous finirions vous finiriez ils, elles finiraient
Aller	je vais tu vas il, elle va nous allons vous allez ils, elles vont	j'allais tu allais il, elle allait nous allions vous alliez ils, elles allaient	j'allai tu allas il, elle alla nous allâmes vous allâtes ils, elles allèrent	j'irai tu iras il, elle ira nous irons vous irez ils, elles iront	j'irais tu irais il, elle irait nous irions vous iriez ils, elles iraient
Dire	je dis tu dis il, elle dit nous disons vous dites ils, elles disent	je disais tu disais il, elle disait nous disions vous disiez ils, elles disaient	je dis tu dis il, elle dit nous dîmes vous dîtes ils, elles dirent	je dirai tu diras il, elle dira nous dirons vous direz ils, elles diront	je dirais tu dirais il, elle dirait nous dirions vous diriez ils, elles diraient
Faire	je fais tu fais il, elle fait nous faisons vous faites ils, elles font	je faisais tu faisais il, elle faisait nous faisions vous faisiez ils, elles faisaient	je fis tu fis il, elle fit nous fîmes vous fîtes ils, elles firent	je ferai tu feras il, elle fera nous ferons vous ferez ils, elles feront	je ferais tu ferais il, elle ferait nous ferions vous feriez ils, elles feraient

Temps composés

	Indicatif				Conditionnel
	Passé composé	Plus-que-parfait	Passé antérieur	Futur antérieur	Passé
Être	j'ai été tu as été il, elle a été nous avons été vous avez été ils, elles ont été	j'avais été tu avais été il, elle avait été nous avions été vous aviez été ils, elles avaient été	j'eus été tu eus été il, elle eut été nous eûmes été vous eûtes été ils, elles eurent été	j'aurai été tu auras été il, elle aura été nous aurons été vous aurez été ils, elles auront été	j'aurais été tu aurais été il, elle aurait été nous aurions été vous auriez été ils, elles auraient été
Avoir	j'ai eu tu as eu il, elle a eu nous avons eu vous avez eu ils, elles ont eu	j'avais eu tu avais eu il, elle avait eu nous avions eu vous aviez eu ils, elles avaient eu	j'eus eu tu eus eu il, elle eut eu nous eûmes eu vous eûtes eu ils, elles eurent eu	j'aurai eu tu auras eu il, elle aura eu nous aurons eu vous aurez eu ils, elles auront eu	j'aurais eu tu aurais eu il, elle aurait eu nous aurions eu vous auriez eu ils, elles auraient eu
Chanter	j'ai chanté tu as chanté il, elle a chanté nous avons chanté vous avez chanté ils, elles ont chanté	j'avais chanté tu avais chanté il, elle avait chanté nous avions chanté vous aviez chanté ils, elles avaient chanté	j'eus chanté tu eus chanté il, elle eut chanté nous eûmes chanté vous eûtes chanté ils, elles eurent chanté	j'aurai chanté tu auras chanté il, elle aura chanté nous aurons chanté vous aurez chanté ils, elles auront chanté	j'aurais chanté tu aurais chanté il, elle aurait chanté nous aurions chanté vous auriez chanté ils, elles auraient chanté
Finir	j'ai fini tu as fini il, elle a fini nous avons fini vous avez fini ils, elles ont fini	j'avais fini tu avais fini il, elle avait fini nous avions fini vous aviez fini ils, elles avaient fini	j'eus fini tu eus fini il, elle eut fini nous eûmes fini vous eûtes fini ils, elles eurent fini	j'aurai fini tu auras fini il, elle aura fini nous aurons fini vous aurez fini ils, elles auront fini	j'aurais fini tu aurais fini il, elle aurait fini nous aurions fini vous auriez fini ils, elles auraient fini
Aller	je suis allé(e) tu es allé(e) il est allé elle est allée nous sommes allé(e)s vous êtes allé(e)s ils sont allés elles sont allées	j'étais allé(e) tu étais allé(e) il était allé elle était allée nous étions allé(e)s vous étiez allé(e)s ils étaient allés elles étaient allées	je fus allé(e) tu fus allé(e) il fut allé elle fut allée nous fûmes allé(e)s vous fûtes allé(e)s ils furent allés elles furent allées	je serai allé(e) tu seras allé(e) il sera allé elle sera allée nous serons allé(e)s vous serez allé(e)s ils seront allés elles seront allées	je serais allé(e) tu serais allé(e) il serait allé elle serait allée nous serions allé(e)s vous seriez allé(e)s ils seraient allés elles seraient allées
Dire	j'ai dit tu as dit il, elle a dit nous avons dit vous avez dit ils, elles ont dit	j'avais dit tu avais dit il, elle avait dit nous avions dit vous aviez dit ils, elles avaient dit	j'eus dit tu eus dit il, elle eut dit nous eûmes dit vous eûtes dit ils, elles eurent dit	j'aurai dit tu auras dit il, elle aura dit nous aurons dit vous aurez dit ils, elles auront dit	j'aurais dit tu aurais dit il, elle aurait dit nous aurions dit vous auriez dit ils, elles auraient dit
Faire	j'ai fait tu as fait il, elle a fait nous avons fait vous avez fait ils, elles ont fait	j'avais fait tu avais fait il, elle avait fait nous avions fait vous aviez fait ils, elles avaient fait	j'eus fait tu eus fait il, elle eut fait nous eûmes fait vous eûtes fait ils, elles eurent fait	j'aurai fait tu auras fait il, elle aura fait nous aurons fait vous aurez fait ils, elles auront fait	j'aurais fait tu aurais fait il, elle aurait fait nous aurions fait vous auriez fait ils, elles auraient fait

Temps simples

	Indicatif				Conditionnel
	Présent	Imparfait	Passé simple	Futur	Présent
Pouvoir	je peux tu peux il, elle peut nous pouvons vous pouvez ils, elles peuvent	je pouvais tu pouvais il, elle pouvait nous pouvions vous pouviez ils, elles pouvaient	je pus tu pus il, elle put nous pûmes vous pûtes ils, elles purent	je pourrai tu pourras il, elle pourra nous pourrons vous pourrez ils, elles pourront	je pourrais tu pourrais il, elle pourrait nous pourrions vous pourriez ils, elles pourraient
Partir	je pars tu pars il, elle part nous partons vous partez ils, elles partent	je partais tu partais il, elle partait nous partions vous partiez ils, elles partaient	je partis tu partis il, elle partit nous partîmes vous partîtes ils, elles partirent	je partirai tu partiras il, elle partira nous partirons vous partirez ils, elles partiront	je partirais tu partirais il, elle partirait nous partirions vous partiriez ils, elles partiraient
Prendre	je prends tu prends il, elle prend nous prenons vous prenez ils, elles prennent	je prenais tu prenais il, elle prenait nousprenions vous preniez ils, elles prenaient	je pris tu pris il, elle prit nous prîmes vous prîtes ils, elles prirent	je prendrai tu prendras il, elle prendra nous prendrons vous prendrez ils, elles prendront	je prendrais tu prendrais il, elle prendrait nous prendrions vous prendriez ils, elles prendraient
Venir	je viens tu viens il, elle vient nous venons vous venez ils, elles viennent	je venais tu venais il, elle venait nous venions vous veniez ils, elles venaient	je vins tu vins il, elle vint nous vînmes vous vîntes ils, elles vinrent	je viendrai tu viendras il, elle viendra nous viendrons vous viendrez ils, elles viendront	je viendrais tu viendrais il, elle viendrait nous viendrions vous viendriez ils, elles viendraient
Vouloir	je veux tu veux il, elle veut nous voulons vous voulez ils, elles veulent	je voulais tu voulais il, elle voulait nous voulions vous vouliez ils, elles voulaient	je voulus tu voulus il, elle voulut nous voulûmes vous voulûtes ils, elles voulurent	je voudrai tu voudras il, elle voudra nous voudrons vous voudrez ils, elles voudront	je voudrais tu voudrais il, elle voudrait nous voudrions vous voudriez ils, elles voudraient
Voir	je vois tu vois il, elle voit nous voyons vous voyez ils, elles voient	je voyais tu voyais il, elle voyait nous voyions vous voyiez ils, elles voyaient	je vis tu vis il, elle vit nous vîmes vous vîtes ils, elles virent	je verrai tu verras il, elle verra nous verrons vous verrez ils, elles verront	je verrais tu verrais il, elle verrait nous verrions vous verriez ils, elles verraient
Devoir	je dois tu dois il, elle doit nous devons vous devez ils, elles doivent	je devais tu devais il, elle devait nous devions vous deviez ils, elles devaient	je dus tu dus il, elle dut nous dûmes vous dûtes ils, elles durent	je devrai tu devras il, elle devra nous devrons vous devrez ils, elles devront	je devrais tu devrais il, elle devrait nous devrions vous devriez ils, elles devraient

Temps composés

	Indicatif				Conditionnel
	Passé composé	Plus-que-parfait	Passé antérieur	Futur antérieur	Passé
Pouvoir	j'ai pu tu as pu il, elle a pu nous avons pu vous avez pu ils, elles ont pu	j'avais pu tu avais pu il, elle avait pu nous avions pu vous aviez pu ils, elles avaient pu	j'eus pu tu eus pu il, elle eut pu nous eûmes pu vous eûtes pu ils, elles eurent pu	j'aurai pu tu auras pu il, elle aura pu nous aurons pu vous aurez pu ils, elles auront pu	j'aurais pu tu aurais pu il, elle aurait pu nous aurions pu vous auriez pu ils, elles auraient pu
Partir	je suis parti(e) tu es parti(e) il est parti elle est partie nous sommes parti(e)s vous êtes parti(e)s ils sont partis elles sont parties	j'étaisparti(e) tu étais parti(e) il était parti elle était partie nous étions parti(e)s vous étiez parti(e)s ils étaient partis elles étaient parties	je fus parti(e) tu fus parti(e) il fut parti elle fut partie nous fûmes parti(e)s vous fûtes parti(e)s ils furent partis elles furent parties	je serai parti(e) tu seras parti(e) il sera parti elle sera partie nous serons parti(e)s vous serez parti(e)s ils seront partis elles seront parties	je serais parti(e) tu serais parti(e) il serait parti elle serait partie nous serions parti(e)s vous seriez parti(e)s ils seraient partis elles seraient parties
Prendre	j'ai pris tu as pris il, elle a pris nous avons pris vous avez pris ils, elles ont pris	j'avais pris tu avais pris il, elle avait pris nous avions pris vous aviez pris ils, elles avaient pris	j'eus pris tu eus pris il, elle eut pris nous eûmes pris vous eûtes pris ils, elles eurent pris	j'aurai pris tu auras pris il, elle aura pris nous aurons pris vous aurez pris ils, elles auront pris	j'aurais pris tu aurais pris il, elle aurait pris nous aurions pris vous auriez pris ils, elles auraient pris
Venir	je suis venu(e) tu es venu(e) il est venu elle est venue nous sommes venu(e)s vous êtes venu(e)s ils sont venus elles sont venues	j'étais venu(e) tu étais venu(e) il était venu elle était venue nous étions venu(e)s vous étiez venu(e)s ils étaient venus elles étaient venues	je fus venu(e) tu fus venu(e) il fut venu elle fut venue nous fûmes venu(e)s vous fûtes venu(e)s ils furent venus elles furent venues	je serai venu(e) tu seras venu(e) il sera venu elle sera venue nous serons venu(e)s vous serez venu(e)s ils seront venus elles seront venues	je serais venu(e) tu serais venu(e) il serait venu elle serait venue nous serions venu(e)s vous seriez venu(e)s ils seraient venus elles seraient venues
Vouloir	j'ai voulu tu as voulu il, elle a voulu nous avons voulu vous avez voulu ils, elles ont voulu	j'avais voulu tu avais voulu il, elle avait voulu nous avions voulu vous aviez voulu ils, elles avaient voulu	j'eus voulu tu eus voulu il, elle eut voulu nous eûmes voulu vous eûtes voulu ils, elles eurent voulu	j'aurai voulu tu auras voulu il, elle aura voulu nous aurons voulu vous aurez voulu ils, elles auront voulu	j'aurais voulu tu aurais voulu il, elle aurait voulu nous aurions voulu vous auriez voulu ils, elles auraient voulu
Voir	j'ai vu tu as vu il, elle a vu nous avons vu vous avez vu ils, elles ont vu	j'avais vu tu avais vu il, elle avait vu nous avions vu vous aviez vu ils, elles avaient vu	j'eus vu tu eus vu il, elle eut vu nous eûmes vu vous eûtes vu ils, elles eurent vu	j'aurai vu tu auras vu il, elle aura vu nous aurons vu vous aurez vu ils, elles auront vu	j'aurais vu tu aurais vu il, elle aurait vu nous aurions vu vous auriez vu ils, elles auraient vu
Devoir	j'ai dû tu as dû il, elle a dû nous avons dû vous avez dû ils, elles ont dû	j'avais dû tu avais dû il, elle avait dû nous avions dû vous aviez dû ils, elles avaient dû	j'eus dû tu eus dû il, elle eut dû nous eûmes dû vous eûtes dû ils, elles eurent dû	j'aurai dû tu auras dû il, elle aura dû nous aurons dû vous aurez dû ils, elles auront dû	j'aurais dû tu aurais dû il, elle aurait dû nous aurions dû vous auriez dû ils, elles auraient dû

Achevé d'imprimer en Décembre 2023 en Espagne par Macrolibros
Dépôt légal . septembre 2020 - Édition 03
73/1623/7